慢投垒球实践教程

MANTOU LEIQIU SHIJIAN JIAOCHENG

主　　编：何鹏飞　黄江华　张毅恒
副 主 编：关宇微　潘　鸿　刘　圣

图书在版编目(CIP)数据

慢投垒球实践教程/何鹏飞,黄江华,张毅恒主编.—武汉：中国地质大学出版社,2024.12.—ISBN 978-7-5625-6027-2

Ⅰ.G848

中国国家版本馆 CIP 数据核字第 2024NK4518 号

慢投垒球实践教程

| | 何鹏飞　黄江华　张毅恒 **主　编** |
| | 关宇微　潘　鸿　刘　圣 **副主编** |

| 责任编辑:韦有福 | 选题策划:韦有福 | 责任校对:徐蕾蕾 |

出版发行:中国地质大学出版社(武汉市洪山区鲁磨路388号)	邮编:430074
电　　话:(027)67883511	传　　真:(027)67883580	E-mail:cbb@cug.edu.cn
经　　销:全国新华书店		http://cugp.cug.edu.cn
开本:787mm×1092mm　1/16	字数:198千字	印张:7.75
版次:2024年12月第1版	印次:2024年12月第1次印刷
印刷:湖北睿智印务有限公司	
ISBN 978-7-5625-6027-2	定价:32.00元

如有印装质量问题请与印刷厂联系调换

《慢投垒球实践教程》
编委会

主　　编：何鹏飞　黄江华　张毅恒
副 主 编：关宇微　潘　鸿　刘　圣
参编人员：侯　犇　朱大海　黄丽皎　冉黄文
　　　　　刘银涛　方海成　武华亮　陈　露
　　　　　杨　博　林浴阳

前言

慢投垒球也称慢速垒球,是棒垒球系列的球类运动之一,是20世纪后期由棒垒球运动逐渐"软式化"而衍生的新兴体育运动项目。慢投垒球主要具有以下特点:受众面广,项目不受年龄、性别、体能等条件的限制,可以男女老少同场竞技;参与性强,规则简单,技术易掌握,运动安全性高,承袭了棒垒球运动的益智性。

据不完全统计,截至2024年底全国共有超过1000支慢投垒球队伍,开设慢投垒球课程的高校达到170所,并逐年呈增长的趋势。然而,目前国内仅在十年前出版过一本相关教材,其主要通过对棒球运动相关内容的理解和借鉴进行编写,随着慢投垒球规则的补充和修订,以及思政育人的价值挖掘,使得慢投垒球技战术朝向新的发展方向,教学和训练内容也发生了相应变化,亟需从教学和训练视角进行补充和完善。

中国地质大学(武汉)依据《高等学校课程思政建设指导纲要》(教高〔2020〕3号),把思政教育融入教材建设,作为教材内容评定的重要方面;把"教会、勤练、常赛"的体育课改理念融入教材编写的全过程,构建学、练、赛的内容体系。本书第一部分为基础知识模块,介绍慢投垒球运动的起源与发展、场地及主要器材;第二部分为教学训练模块,介绍基本技战术、教学设计与训练,为零基础的师生和爱好者提供专项运动学习指南;第三部分为赛事模块,介绍慢投垒球的规则与裁判法,以及记录表的填写与使用。

本书针对用书群体的特点,在知识选择和内容编排上力求生动易懂、层层递进,与目前市场上的同类教材相比,具有以下特色:

(1)实践教学指导性强。编写组成员从事慢投垒球教学工作均达到5年及以上,通过对教学和训练的不断打磨、实践,总结形成了较为系统的慢投垒球教程内容,取得了丰硕的成绩。慢投垒球课成为我校最受欢迎的体育公共选修课。棒垒球协会成为学校十佳社团之一,社团人数达到300人以上,在国内影响力最大的慢投垒球联赛中,共取得了6次分站赛冠军、2次分区赛亚军、1次总决赛高校组第三名、1次总决赛高校组第四名的好成绩。

(2)教学内容完善。对慢投垒球运动进行了系统论述,补充完善了已有教材缺失的内容。在基础知识模块补充了慢投垒球项目价值、发展现状及礼仪知识;在教学训练模块补充了分层教学计划与训练;在赛事模块补充完善了赛前、赛时、赛后裁判员的职责与权力,以及判罚术语与手势。

(3)内容体系紧跟项目发展。慢投垒球运动的普及,其运动规则的不断修订和完善,使得这项运动开始独立发展,场地、器材、赛事逐渐独立化、细分化、合理化,同样技战术也需要进行相应的调整,以适应高强度的竞技比赛。

全书编写思路清晰、内容翔实、图文并茂、通俗易懂,既可作为普通高等学校公共体育课程的教材使用,也可作为垒球爱好者的参考用书。本书在编写过程中得到了中国垒球协会慢投垒球委员会副主任梁洪、湖北鄂虎棒垒球俱乐部主教练崔琳等专家的悉心指导和大力支持,在此一并表示感谢!

由于编写人员的水平有限,书中不妥之处在所难免,恳请专家及广大慢投垒球运动爱好者提出宝贵意见,以便修改完善。

编　者

2024 年 7 月 4 日

目 录 〉〉〉〉

第一篇 基础知识模块

第一章 慢投垒球概述 ……………………………………………………………… (3)
  第一节 慢投垒球起源与发展 ………………………………………………… (3)
  第二节 慢投垒球与健康教育 ………………………………………………… (9)
  第三节 国内外慢投垒球赛事 ………………………………………………… (12)

第二章 慢投垒球基础知识 …………………………………………………… (14)
  第一节 慢投垒球运动的场地与器材 ………………………………………… (14)
  第二节 比赛的主要装备及器材 ……………………………………………… (17)
  第三节 慢投垒球的基本礼仪 ………………………………………………… (21)
  第四节 慢投垒球器材的维护 ………………………………………………… (24)

第二篇 教学训练模块

第三章 慢投垒球技术 ………………………………………………………… (29)
  第一节 慢投垒球技术概述 …………………………………………………… (29)
  第二节 慢投垒球打击技术 …………………………………………………… (29)
  第三节 跑垒基本技术 ………………………………………………………… (35)
  第四节 慢投垒球传接球技术与防守 ………………………………………… (38)
  第五节 投球技术 ……………………………………………………………… (50)

第四章 慢投垒球战术 ………………………………………………………… (52)
  第一节 击球战术 ……………………………………………………………… (52)
  第二节 棒次排列 ……………………………………………………………… (53)
  第三节 跑垒战术 ……………………………………………………………… (54)
  第四节 防守战术 ……………………………………………………………… (55)

第五章　慢投垒球教学大纲与教学计划 …………………………………………… (58)
第一节　教学目标及要求 ……………………………………………………… (58)
第二节　慢投垒球教学基本原则 ……………………………………………… (60)
第三节　慢投垒球教学基本方法 ……………………………………………… (61)
第四节　教学内容及教学进度 ………………………………………………… (64)
第五节　考核内容与评价标准 ………………………………………………… (69)

第六章　慢投垒球训练 ……………………………………………………………… (72)
第一节　基础技术训练 ………………………………………………………… (72)
第二节　基础战术训练 ………………………………………………………… (81)
第三节　身体素质训练 ………………………………………………………… (84)

第三篇　赛事模块

第七章　慢投垒球的基本规则 ……………………………………………………… (89)
第一节　比赛规则 ……………………………………………………………… (89)
第二节　投球规则 ……………………………………………………………… (92)
第三节　击球与跑垒规则 ……………………………………………………… (93)
第四节　防守规则 ……………………………………………………………… (97)

第八章　裁判员 ……………………………………………………………………… (99)
第一节　裁判员权利和职责 …………………………………………………… (99)
第二节　术语与手势 …………………………………………………………… (100)

第九章　记录员 ……………………………………………………………………… (105)
第一节　记录员职责与记录符号 ……………………………………………… (105)
第二节　记录表 ………………………………………………………………… (106)
第三节　更换队员 ……………………………………………………………… (113)

主要参考文献 ………………………………………………………………………… (115)

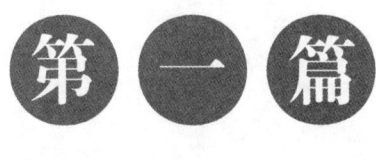

第一篇
基础知识模块

第一章
慢投垒球概述

第一节 慢投垒球起源与发展

一、慢投垒球起源

慢投垒球运动是20世纪后期由棒垒球运动逐渐"软式化"衍生出来的新兴体育休闲运动项目。它是在快投垒球运动的基础上通过降低投球速度，将快速直线投球改变为抛物线形式投球而来。慢投垒球规则在标准棒球规则基础上进行了简化，在器材、场地的要求中降低了参与者进行该项运动的难度、危险性以及运动量，使得该运动受到越来越多人的关注和参与。自1953年慢投垒球规则正式成文以来，这项运动已有70多年的历史。

慢投垒球运动具有三大特性：其一，全民性，无论年龄、性别、体能等因素，皆可参与此项运动；其二，群体性，国内现有超过1000支队伍，主要由公司企业、俱乐部、机关事业单位及高等院校自发组建；其三，参与性，得益于简单易懂的规则、较低的难度以及较高的安全性，使得男女老少皆可同场竞技。在慢投垒球中，投手投球轨迹呈抛物线，球速较慢，旨在提高击球者的击球率，从而在短时间内使击球、跑垒、防守等呈现多元化，这也正是慢投垒球的乐趣所在，且比赛节奏日益紧凑。

在棒垒球运动发达的国家和地区，慢投垒球已深入人心，成为棒垒球运动的群众基础。美国现设有3个慢投垒球协会，拥有上万支队伍，涵盖职业、半职业、业余及青少年各级别。中国台湾地区的慢投垒球发展亦颇具规模，仅台北市就有超过500支慢投垒球队伍，全台湾地区有1500～2000支队伍。历经多年发展，我国大陆的慢投垒球运动已具备良好的群众基础，深受广大业余爱好者青睐。

二、慢投垒球在中国的发展

在我国垒球赛事体系布局中，根据项目类别，垒球可划分为快投垒球、慢投垒球和软式垒球，分别针对专业队、群众和青少年3个参与群体。快投垒球赛事以中国垒球联赛、全国垒球锦标赛、冠军杯赛和U系列锦标赛为代表，主要面向专业队员。慢投垒球赛事主要包括全国慢投垒球健康赢活动和中国慢投垒球企业联赛，以及其分区赛、分站赛，为广大业余爱好者提供参与平台;软式棒垒球赛事则是青少年垒球爱好者的专属领域,包括全国软式棒垒球锦标赛(6～15岁)、全国青少年体育俱乐部联赛软式棒垒球比赛(8～15岁)以及全国幼儿软式棒垒球比赛(3～6岁)等赛事。在这套赛事体系中,比赛用球从"硬"到"软",队员年龄从大到小,参赛水平从专业到业余,赛事级别从顶尖到基础。虽然不同赛事的办赛目标各有差异,但在体系中各司其职,相互依存。

(一)发展现状

我国垒球运动曾处于世界一流水平,在第26届亚特兰大奥运会上中国女子垒球获得银牌,被国家体育总局列为奥运争光项目。近几年,慢投垒球运动作为一项全民健身项目呈现蓬勃发展的趋势,参与人群不断扩大,赛事开展日益丰富。国家体育总局积极支持和推动各运动项目中心开展全民健身活动,在拓展群众体育活动的广度和深度、打造群众体育活动的品牌、引导运动项目的普及开展等方面取得了积极进展。

中国垒球协会自2011年开始举办全国慢投垒球健康赢活动,在国家体育总局群众体育司的支持下,近年来参赛队伍数量迅速增长。2015年全国慢投垒球健康赢活动在江苏昆山举行。该活动通过基层赛、选拔赛、总决赛,吸引了来自全国各地、不同行业的960支队伍参与,参与人数达12 000余人。此项活动由国家体育总局手曲棒垒球中心、中国垒球协会联合中国大学生体育协会棒垒球分会主办,旨在通过赛事来推动群众性体育活动的开展,使竞技体育与群众体育相互促进、相得益彰。

2019年,"熊猫杯"中国慢投垒球企业联赛启动。该赛事先后在14个省(市、区)举办分站赛和分区赛,举办的城市数量达到23个,共进行了33个分站赛、4个分区赛和1个总决赛,参与的球队近300支,参与人数近万人,赛事规模创下了国内慢投垒球赛事的新纪录。2020年,"熊猫杯"中国慢投垒球企业联赛已发展到56个分站赛、4个分区赛和1个总决赛,总站次达到61个。从申办站次的地域分布来看,整体分布更加均匀,地域覆盖范围更加广泛:华东赛区和华南赛区各有14个分站赛、华西赛区有15个分站赛、华北赛区有13个分站赛,充分反映出了慢投垒球在全国的普及成果和受欢迎程度。按照竞赛总则,2020年"熊猫杯"中国慢投垒球企业联赛整体上沿用分站赛、分区赛和总决赛三级赛制。设置赛事奖金总额为38万元,其中总决赛奖金20万元,分区赛奖金18万元,继续保持国内慢投垒球赛事奖金最高纪录。2021年,"熊猫杯"中国慢投垒球企业联赛全国共申办了60个分站赛、4个分区赛和1个总决赛,总申办站次达到65个,创赛事举办以来新高。2022年,虽然受新型冠状病毒感染影响,但联赛仍成功举办了45个分站赛,吸引了近350支队伍参赛。

慢投垒球在我国大陆地区发展起步较晚,但是在我国台湾地区已十分发达。慢垒运动已广泛进入社区、企业、学校等各个领域,深受群众喜爱。比赛中,无论男女老少,都能击中球和接住球,增强了参与者的成就感。2017年海峡两岸沙漠慢投垒球公开赛在我国库布齐沙漠恒盛兴汽车露营营地举行,这是海峡两岸体育交流的重要赛事,亦是2017年国务院台湾事务办公室批准的两岸棒垒球交流活动系列赛事之一。此次赛事以慢投垒球为媒介,以两岸民众为主体,旨在搭建新的两岸体育交流平台,在享受沙滩慢投垒球运动乐趣的同时,共同提升两岸民众慢投垒球运动的竞技水平。

我国慢投垒球事业发展最具代表性的城市当属江苏省昆山市。随着慢投垒球在我国的广泛推广和深入发展,昆山市周市镇的垒球赛事日益呈现出高品质的特点。除了已成功举办5届的"周市杯"慢投垒球大奖赛外,赛事还包括全国慢投垒球健康赢活动总决赛、"野马渡杯"慢速垒球邀请赛、"飞鹿杯"软式慢速垒球邀请赛、"七彩夏日"昆台两地乐乐棒球交流赛、昆山市小学生软式棒垒球锦标赛等赛事,为昆山市民提供了丰富的群众体育活动选择,也为各地间的交流打造了新的平台。慢投垒球比赛已逐渐成为昆山市对外交流的一张耀眼名片,同时也为我国慢投垒球运动的发展带来了更多机遇。

2018年5月,由昆山市体育局和周市镇人民政府共同举办的2018年"周市杯"国际慢投垒球大奖赛在昆山市体育生态园垒球场落幕。此次慢投垒球大奖赛不仅扩大了赛事范围,还提升了赛事档次,已升级为全新的国际性垒球赛事,除我国大陆和台湾地区的队伍参与外,还邀请了韩国代表队和日本代表队加盟。比赛分预赛和决赛,共22场。此次比赛设有团体奖项和个人奖项。其中团体奖设冠军、亚军、季军、殿军奖杯各1座,优胜奖杯6座;个人奖项设全垒打奖、教练奖、最有价值球员奖各1座。团体奖冠军奖金最高可达25 000元。

调查发现,慢投垒球运动在我国台湾地区或垒球基础较好的省市较为热门,这一现象揭示了我国慢投垒球发展具有地域性的特点。然而,随着近年来慢投垒球的逐渐普及,越来越多的省市也开始举办丰富多彩的赛事,以吸引更多人参与这项运动,从而有力地推动慢投垒球项目在我国的发展。但相较于其他运动项目而言,慢投垒球在我国的宣传和推广力度较小,因此难以吸引更多的参与者和观众,使得慢投垒球在我国的发展仍面临诸多挑战。

(二)慢投垒球发展存在的问题

自2008年北京奥运会以来,我国对体育事业的关注日益加重,正逐步从体育大国迈向体育强国。在此背景下,我国体育事业的发展不再局限于竞技体育单一层面,全民健身成为主流,体育活动逐渐融入大众生活。在国家的大力支持下,各种体育锻炼方式应运而生,如瑜伽、太极拳等。慢投垒球作为一项新兴休闲运动项目,在我国正处于起步发展阶段。经调查,影响慢投垒球发展的主要因素是群众基础薄弱、师资力量匮乏、基础设施不足等。

1. 群众基础薄弱

自2008年北京奥运会之后,慢投垒球在我国逐渐得到推广,并在全国范围内蓬勃发展,形成了颇具规模的大型群众赛事。参与慢投垒球的人群大多分布在运动队和各大高校,相对其他人群而言,接触该运动的机会较少,使得慢投垒球运动的群众基础相对薄弱,同时也间接导致相关师资力量的短缺。

另外,群众对垒球文化的认识不足,导致对该项运动的宣传产生了影响。事实上,慢投垒球运动并非依赖身体对抗,而更多体现了智慧、配合和战术,强调人的精神品质。这项运动在美国和日本等国家已发展成为国球,并形成了一种具有深厚积淀的文化。在我国,将垒球文化与校园文化、企业文化、全民健身文化相结合,仍有漫长的道路要走。

2. 师资力量匮乏

随着教育改革的深入推进,高校体育地位得以提升。以慢投垒球为例,专业教师在其推广和发展过程中发挥着举足轻重的作用。慢投垒球运动与其他体育项目一样,需要持续投入,若无学校的重视与支持,其发展将面临困境。虽然垒球运动在我国已有百年历史,但普及程度尚不理想。电视媒体传播报道较少,相关部门对其重视程度不够,导致项目开展侧重点各异,为慢投垒球在高校的推广带来了一定难度。在国内众多开设垒球课程的高校中,教师大多非垒球专业出身,部分仅参加过培训班学习。这些教师在慢投垒球的认识、技能经验、规则理解、训练方法等方面均有待提升。此外,国内高校慢投垒球裁判的专业素质尚待提高,尽管他们持有裁判证,但对该项运动的了解程度仍有提升空间。

3. 基础设施不足

球、球棒、手套等器材在数量和质量方面均显不足。例如,手套的价格每只高达百元,金属材质球棒的价格每支也逾千元,因此,许多原打算开展此项目的学校因经费短缺而不得不放弃。此外,场地资源也明显短缺。相较于垒球,慢投垒球在场地要求上并不十分严格,标准的训练场地全垒打线距离约为80m,垒间距约为20m。然而,我国仅有少数高校按照标准修建了球场,据调查,我国拥有标准场地的高校有13所(表1-1)。大部分高校(表1-2)学生训练时只能借用足球场等场地。这种情况对学生技能的提升和兴趣的培养等均产生不利影响。

表1-1 有正规慢投垒球场地的高校

地区	学校
北京	清华大学
辽宁	大连大学
江苏	南京工业大学
上海	华东政法大学、上海外国语大学、上海交通大学
福建	厦门大学、厦门大学嘉庚学院
天津	天津体育学院
广东	广州体育学院
甘肃	兰州商学院
广西	桂林旅游学院
湖北	湖北第二师范学院

表1-2 部分开设慢投垒球课程高校

地区	学校	数量(所)
北京	清华大学、北京大学、中国传媒大学、中国政法大学、北京交通大学、北方工业大学、北京师范大学、北京体育大学、对外经济贸易大学、中国地质大学(北京)、中央民族大学、华北电力大学、北京理工大学、北京物资学院、北京交通大学、中央美术学院、北京建筑大学、北京外国语大学、北京航空航天大学、北京化工大学、首都经济贸易大学、北京邮电大学世纪学院	22
江苏	南京工业大学、南京大学、江南大学、东南大学、南京大学金陵学院、河海大学、南京理工大学、南京师范大学、扬州大学、南京林业大学、南京体育学院、南京审计学院、南京信息工程大学、中国药科大学、盐城工学院、东南大学、金陵科技学院、江苏建筑职业技术学院、南京科技职业学院、徐州工业职业技术学院、扬州工业职业技术学院、常州工程职业技术学院、江苏食品药品职业技术学院、江苏城市职业学院	24
广东	中山大学、深圳大学、暨南大学、广州体育学院、中山大学南方学院、广东药学院、广东海洋大学、广州城建职业技术学院、北京师范大学—香港浸会大学联合国际学院、北京理工大学珠海学院、广东工业大学、北京师范大学珠海分校、顺德职业技术学院、广东工贸职业技术学院	14
上海	复旦大学、上海财经大学、华东理工大学、华东政法大学、上海交通大学、同济大学、东华大学、上海理工大学、上海外国语大学、上海海洋大学、上海海事大学、上海大学、上海对外经贸大学、华东师范大学、上海外国语大学贤达学院、上海体育学院	16
湖北	华中农业大学、华中科技大学、武汉大学、中国地质大学(武汉)、武汉理工大学、江汉大学、湖北大学、武汉体育学院、湖北第二师范学院、武昌理工学院	10
山东	山东商职学院、山东建筑大学、山东大学、山东农业大学、中国海洋大学、潍坊学院、威海职业学院、潍坊工商学院、滨海学院、滨州学院	10
浙江	浙江大学、浙江师范大学、浙江树人大学、中国美术学院、温州大学、温州商学院、温州肯恩大学、宁波工程学院	8
四川	西南财经大学、成都体育学院、西南石油大学、西南电子科技大学、成都信息工程学院、成都外语学院	6

续表 1-2

地区	学校	数量（所）
湖南	湖南大学、中南大学、湖南农业大学、湖南师范大学、湖南第一师范学院	5
广西	广西大学、桂林旅游学院、广西师范大学国际文化教育学院、广西财经学院等	5
重庆	四川美术学院、西南大学、重庆对外经贸学院等	5
辽宁	辽宁科技大学、辽宁何氏医学院、大连大学、大连理工大学、大连外国语大学、沈阳药科大学、沈阳体育学院	7
福建	厦门大学、集美大学、厦门大学嘉庚学院、福建农林大学	4
天津	天津中医药大学、中国民航大学、天津体育学院、天津工业大学	4
贵州	贵州师范学院、兴义民族师范学院、贵州商学院	3
安徽	安徽财经大学、安徽农业大学	2
河南	河南体育学院、郑州师范学院	2
陕西	西安电子科技大学、西安石油大学	2
甘肃	兰州财经大学、兰州商学院	2
海南	海南大学、海南热带海洋学院	2
山西	山西工程科技职业大学	1
黑龙江	哈尔滨工程大学	1
青海	青海师范大学	1
河北	河北农业大学	1
吉林	吉林体育学院	1
江西	南昌大学	1
新疆	新疆大学	1

（三）慢投垒球的发展对策

1. 推动高校慢投垒球发展

各大高校的学生思维敏捷、反应迅速、课余时间充足，完善的体育设施为该项运动的发展提供了优越条件。创立社团、参与选修体育课程等措施，有助于推动该项运动的蓬勃发展。

慢投垒球运动不仅能锻炼身体，还能提升团队协作能力，使学生更加团结友爱，增进友谊。湖北地区的高校，如华中农业大学、华中科技大学、武汉大学、中国地质大学（武汉）、武汉理工大学、江汉大学、湖北大学、武汉体育学院、湖北第二师范学院、武昌理工学院等，均已开展公共体育课或组建了相关协会及俱乐部。中国地质大学（武汉）队在2019年、2020年中国慢投垒球企业联赛华西分区赛中两次荣获亚军；湖北大学队在2022年"熊猫杯"中国慢投企业联赛武汉鄂虎分站赛中成功夺冠，晋级华西区分站赛。当前，我国高校慢投垒球运动已步入最佳发展阶段，在普及高校慢投垒球运动的同时，还需不断探索其发展规律，为我国高校慢投垒球运动的长期发展探寻合适的道路。

2. 加强师资队伍建设

教练，作为运动员的引领者和风向标，其自身能力对运动员技术水平的发展具有直接影响。高校推动慢投垒球运动的发展关键在于加强师资队伍的建设。目前，我国每年仅在年底举办一次高校棒垒球教师、训练员、裁判员培训班，旨在不断提升运动员、训练员及裁判员的整体水平。然而，现有的培训力度尚不能满足日常需求，覆盖范围有待拓展。因此，我国在慢投垒球教师和训练员技能培训方面有必要探索更多培养途径，如增加培训次数、扩大培训范围、引进国外高水平教练员、提供规模化高水平运动员比赛训练机会以及增加教练员出国访问学习交流的机会等。

3. 组织保障

党的十九大明确提出"广泛开展全民健身活动，加快推进体育强国建设"的目标，在2019年8月发布的《体育强国建设纲要》对体育强国的战略任务进行了工作部署。在"十四五"规划和2035年远景目标纲要中，明确提出2035年把我国建成"体育强国"的目标，体育事业已发展成为中华民族伟大复兴的标志性事业。在国家的大力支持下，各地区有关职能部门应将相关政策付诸实施，完善基础设施，推动慢投垒球运动快速发展。

第二节　慢投垒球与健康教育

一、提高身体素质

1. 力量素质

慢投垒球运动的核心环节莫过于击球瞬间，为了实现进攻得分，球员需将投手投出的球击至球场远处，既考验球员对击球部位的精准把握，更注重击球时的爆发力。在击球过程中（以右侧击球为例），球员需通过左脚前踏、右脚蹬地内扣带动腰部迅速转动，借助腰部转动的扭力推动肩部转动，实现超越器械的效果。在此基础上，结合手臂的左手拉、右手推，击球瞬间使球棒达到最大角速度。这一过程要求球员身体各部分主要肌群协调爆发式用力，以达到理想挥棒速度。训练中球员反复练习击球动作,有助于增强手臂、腰腹和下肢力量。

此外,慢投垒球运动的传球动作亦需身体各部位协调用力,通过手指手腕的控制将球传至所需位置。特别是外场手(台湾地区也叫外野队员),若力量素质不足,防守效果将大打折扣。球员通过练习长距离传球,对于提升腰腹、手臂力量及身体协调性具有重要意义。

2. 速度素质

慢投垒球比赛是一项争分夺秒的运动,很多技术动作需要瞬间完成,它在突出棒球运动游戏性的同时也保留了原有的竞技性。比赛中垒包之间的距离为19.81m,击球员把球击到球场内后为了能安全上垒就要以最快的速度冲向一垒,这一过程相当于无氧运动的全速冲刺跑,如果击球质量较高,击球员还可视情况从一垒跑向二垒,直至跑回本垒。整个跑垒过程对击球员位移速度有较高要求,此时他的身份转变为跑垒员。在跑的过程中为避免被触杀和寻找一切机会攻下下一个垒,跑垒员还需要具备很好的急停急起能力,尤其是形成夹杀局面后,跑垒员要迅速反复地做急停急起变向跑,这就要求跑垒员具备很好的反应能力和灵敏性。

3. 反应能力

在棒球竞技中,成功用球棒击中投手投出的时速超过100km的快球,无疑是一项高难度的技术挑战。这需要击球员具备卓越的手眼协调能力以及长期不懈的刻苦训练。然而,慢投垒球运动的兴起,对棒垒球比赛的技术要求进行了革新。慢投垒球的特点在于球以抛物线的轨迹落入好球区,显著降低了击球的难度。尽管如此,在慢投垒球的击球过程中,球员仍然需要良好的手眼协调能力。当投手投出的球以一定速度向好球区落下时,击球员需紧密关注球的飞行轨迹。一旦判断来球为可击打的"好球"时,击球员需在球飞行至合适位置时开始挥棒,力求在最佳击球点处将球击出。若击球未能命中或球击出界外,击球员需根据前一次击球的经验,迅速调整击球时机,以期在下一轮击球中成功击中"好球"。

在慢投垒球比赛防守的过程中用手套接球时也需要很好的手眼配合能力。在日常生活和其他的运动项目中大部分人习惯使用右手,左手起到的作用有限。而在棒垒球运动中接球要用非惯用手完成,在接球的过程中既要眼睛紧盯着球飞行的轨迹,又要用非惯用手在球飞过身体之前准确地将球接到,这项技术对眼睛和非惯用手的配合要求极高。在处理接地滚球时,更需增强手眼协调性与反应敏捷度。鉴于场地的不平整性,球在地面的滚动轨迹变得难以预测。因此,眼睛必须紧紧锁定球体,保持高度集中的注意力。当球体迅速滚至身体前方时,球员准确判断时机并迅速出手,以确保能够稳稳地接住球。

二、增强心理健康

随着经济的不断发展,团队精神、企业文化精神等的追求已越来越被我国的企业集团、事业单位所接受。慢投垒球在体现团队精神方面具有独特价值。它的进攻防守节奏分明且紧凑,都体现了全队的集体感。进攻时自己要努力地助垒上的队友得分,必要时要"牺牲"自己;防守时全队分布在广阔的场地上,职责明确且角色各异,互相补位配合。同时,慢投垒球是一项没有时间限制的运动，不到最后一人出局，永远不分胜负，所以机会永远掌握在自己手里。再者，慢投垒球运动不靠身体对抗，更多地体现智慧、配合和战术，强调的是人的精神品质。正因如此，这项运动才可能发展成为美国和日本等国的国球，并形成一种厚重积淀的文化。

1. 勇敢

慢投垒球的精神在于勇敢面对挑战，以直接对决的方式获得胜利。无论比分领先多少，面对打击者仍需保持坚定与冷静，这与足球或篮球比赛中单纯依赖时间消耗的策略大相径庭。同时，慢投垒球深刻阐释了个人与集体之间的紧密联系。即便投手个人能力出众，仍需依赖队友的默契配合，接住球并成功传球以完成出局数。对于打击者而言，无论个人能力如何强大，亦需遵循棒次的顺序轮流上场，无法像足球或篮球那样，在关键时刻将球传给队友们以寻求突破。慢投垒球强调团队协作与纪律性，凸显了体育竞技中公平、公正与尊重对手的精神内核。

2. 自信心

在慢投垒球比赛中，击球环节可以说是以一己之力对抗整个防守的过程，击球员在击球之前要面对防守队员跃跃欲试的气势、观众的喝彩和本方队员的期盼等多方面的压力，这时如果信心不足，就会出棒犹豫，导致击球技术动作变形，影响击球效果。击球时要求击球员对击球能力要有强烈的自信，心态平稳，调整好呼吸，抓住时机果断挥棒，这样才能发挥出应有的水平。同样作为防守的核心，投手强烈的自信是合理配球的保证，不仅有利于自身技术的发挥，更能在与击球员的博弈中占得上风。慢投垒球运动并非依赖于身体对抗，而是更加注重智慧、配合与战术的运用，凸显了人的精神面貌与意志品质。因此，每位选手都握有逆转乾坤的机会，直至比赛的最后一刻。

3. 瞬间决断能力

从战术层面来说，慢投垒球宣扬了一种牺牲精神，比如说牺牲打、自杀打、牺牲触击等战术，就是靠"牺牲"自己来为球队夺取更多分数。慢投垒球比赛的精彩激烈之处在于它的偶然性和瞬时变化性。它的偶然性主要体现在击球环节，瞬时变化性体现在进攻方跑垒的选择和防守方的随机应变。比赛中，投手将球投出到落地的时间平均不到2s，在这个过程中击球员首先要判断投的球是好球还是坏球，判断是好球要果断击出，判断是坏球要放弃击打，稍有犹豫就会错过一次击打的机会。当球入场后，处在球运动方向的防守队员要在第一时间做出反应，准备接球，判断移动方向和接球方式，接到球后要迅速判断场上的形势，争取用最短的时间把球传到最恰当的位置。场上的跑垒员也要根据击球情况第一时间判断是否攻下一个垒，如果不是封杀局面，跑垒员还要根据场上的形势随时判断是否返回原来的垒包。当场上有一人以上跑垒时，防守队员要根据场上的形势迅速做出第二反应、第三反应，把球迅速传到合适位置上的队友，场上队员需要具备很好的瞬间决断能力，若犹豫不定，就会使本方处于被动的局面。

4. 团队精神

在慢投垒球比赛中,团队协作的力量是不可或缺的。当打者站在打击区,准备迎接挑战时,队友们的鼓励和支持是他们信心的源泉。击球员的每一次判断,无论正确与否,队友们都以最大的热情给予回应,正确的判断得到喝彩,失误时则收获理解和鼓励。在跑垒的过程中,队员们必须保持默契,避免冲突,确保顺利地进行比赛。防守时,则需要队员们更紧密地协作,明确分工,确保每一个球都能得到妥善处理。无论是高空球还是地滚球,都需要队员们的默契配合,用最短的时间做出最佳的防守策略。由于比赛节奏快且充满不确定性,赛场中失误难以避免。但正是在这样的时刻,队员之间的相互鼓励和支持显得尤为重要。它们不仅能够帮助队员们重新振作,更能够激发他们的斗志,共同面对接下来的挑战。因此,赛场中每个队员都扮演着不可或缺的角色。大家只有齐心协力,在比赛中展现出最佳的状态和团队协作精神,迎接每一次的比赛,才能够取得优异的成绩。

三、锻炼社会适应能力

在现代社会,大学生的生活方式和健康状况越来越受到人们的关注。如何帮助大学生建立健康的生活方式,提升他们的社会适应能力,成为高校教育的一项重要任务。慢投垒球运动作为一种集竞技、休闲、健身于一体的体育项目,不仅有助于实现这一目标,还在塑造大学生健康生活方式中扮演着举足轻重的角色。高校应积极将慢投垒球纳入体育课程体系。在课程设置上,高校可以结合大学生的兴趣爱好和体能特点,开设慢投垒球选修课或必修课,为学生提供多样化的选择。同时,高校还可以举办慢投垒球的比赛或活动,激发学生的参与热情,营造浓厚的校园体育氛围。高校应充分利用现有场地资源,打造适合慢投垒球的运动场地,包括建设标准的慢投垒球场、提供必要的运动器材和设施等。扩大棒垒球运动的师资队伍,为体育教师提供专业培训,确保他们具备教授慢投垒球的专业知识和技能。高校通过多种途径宣传和推广,使慢投垒球运动焕发出新的活力,使其成为大学生们热爱并积极参与的体育项目,同时为培养具有健康生活方式和社会适应能力的新时代大学生作出积极贡献。

第三节　国内外慢投垒球赛事

一、国内慢投垒球赛事

"熊猫杯"中国慢投垒球企业联赛,是国内水平最高、规模最大的全国性群众垒球赛事,在全国各地举办48个分站赛、4个分区赛和1个总决赛。全年联赛有300多支队伍、超过10 000名运动员参加。中国慢投垒球企业联赛由国家体育总局群体司指导,中国垒球协会主办,广东熊猫体育文化产业有限公司冠名支持(表1-3)。

表 1-3 国内部分知名慢投垒球赛事一览表

赛事名称	举办时间	举办地点	赛事规模	参赛队伍	冠军队伍
全国慢投垒球健康赢活动	2011年至今	桂林(2011年) 南京(2012年) 昆山(2013—2019年) 平潭(2021年)		32支	高校A组:吉林体育学院队 高校B组:福建信息职业技术学院队 社会A组:平潭棒垒球协会队 社会B组:石柱南宾小学队 社会C组:宜明细胞轰浪队
"熊猫杯"中国慢投垒球企业联赛	2019年至今	中山	33个分站赛、4个分区赛;48个分站赛、4个分区赛、1个总决赛;45个分站赛、4个分区赛、1个总决赛	300多支	东莞上扬润滑油疣猪队(2019年) 北京红人队(2020年) 无锡台协红翼队(2021年)
"周市杯"慢投垒球大奖赛	2013年至今	昆山			

二、国外相关赛事

垒球是全美很受欢迎的运动项目之一。它的最高组织机构为国际垒球联合会,成立于1952年9月,现有协会会员129个,总部设在美国俄克拉何马州。国际垒联的主要赛事有奥运会垒球比赛、世界垒球锦标赛、世界青年垒球锦标赛和洲际垒球锦标赛等。慢投垒球比赛有成人慢投垒球锦标赛、男子慢投垒球锦标赛、女子慢投垒球锦标赛。快投垒球比赛有成人快投垒球锦标赛、男子快投垒球锦标赛、女子快投垒球锦标赛(表1-4)。

表 1-4 国际垒球的主要赛事

垒球	慢投垒球	快投垒球
奥运会垒球比赛	成人慢投垒球锦标赛	成人快投垒球锦标赛
世界垒球锦标赛	男子慢投垒球锦标赛	男子快投垒球锦标赛
世界青年垒球锦标赛、洲际垒球锦标赛	女子慢投垒球锦标赛	女子快投垒球锦标赛

第二章
慢投垒球基础知识

第一节 慢投垒球运动的场地与器材

一、比赛场地与场地器材

慢投垒球的场地与快投垒球的场地基本相同,是一个直角扇形区域,直角的两边是区别界内和界外的边线,这个直角的两条边线以内的地面都是界内区,以外的区域都是界外区(图2-1)。

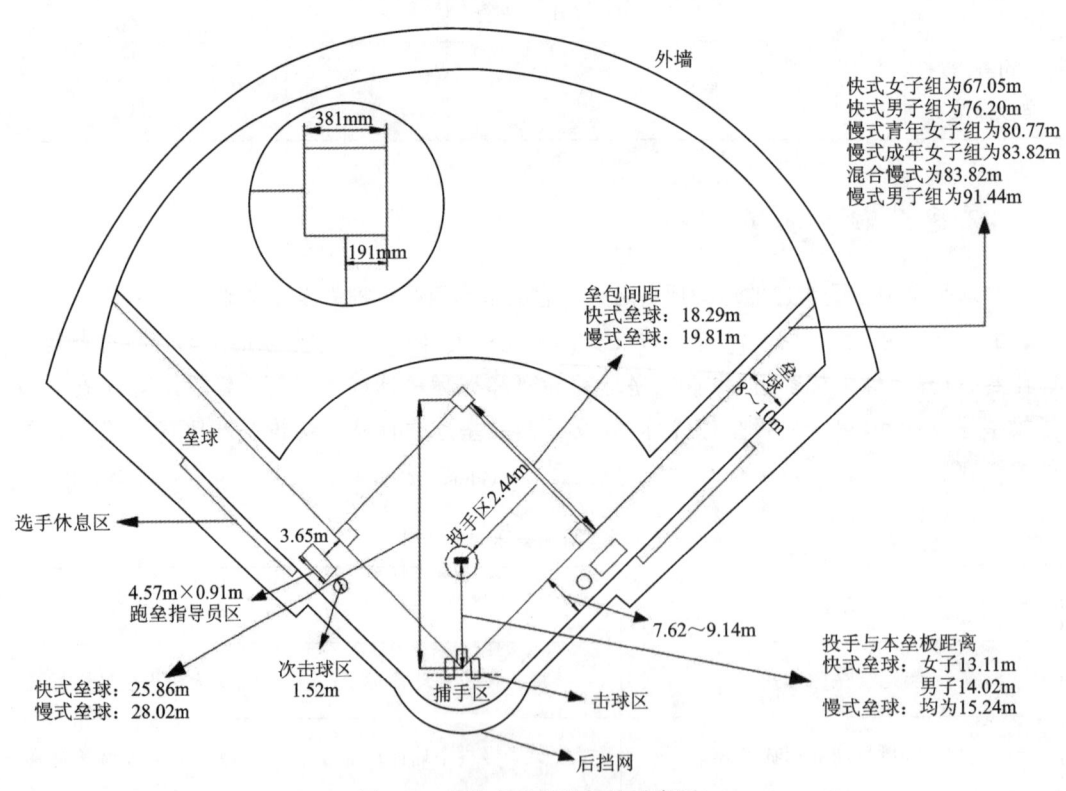

图 2-1 慢投垒球场地规格示意图

以直角扇形的直角顶点作为本垒的位置,在界内的地区划出边长为19.81m的正方形作为内场,内场的4个顶点处各设置一个垒位,按照逆时针的顺序分别称为本垒、一垒、二垒、三垒。内场中间放置一个长61cm、宽15.2cm的投手板,投手板在本垒与二垒对角线上,且投手板前缘与本垒板尖的距离为15.24m,即投手投球的距离。

在本垒的位置安置一个与地面齐平的白色本垒板,本垒板规格见图2-2。本垒板用橡胶材质制成,两侧平行于击球区内侧线,长220mm,两条斜边各长318mm,呈五边形,在本垒板后方安置一块黑色的好球带,好球带长95cm、宽65cm,短边与本垒板横边的中线重合。在本垒板与好球带左右两边各画一个长2.22m、宽1m的打击箱,为击球员的打击区域。

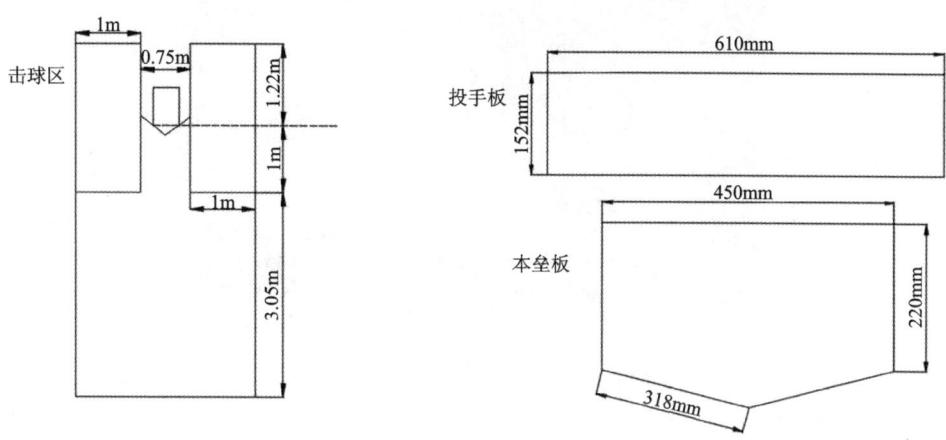

图2-2 投手板、本垒板、打击箱规格

在一垒的垒位上安置两个垒包:一个为白色,一个为橙色。其中白色部分在界内地区,橙色部分在界外地区。垒包为以帆布或其他适合材料制成的正方形物体,长、宽各381mm,厚度不超过127mm。在二、三垒的垒位上各安置一个白色的正方形垒包。

二、国际标准垒球场地规范

近年来,各地根据竞赛规则兴建了一些垒球场地,但垒球规则中对场地整体布局和局部区域建设并没有明确规定,对每一个局部细节制作与定位一般也没有明确规定,如标志杆的定位、警示区的宽度等,导致各地的场地呈现多样化。本书为适应垒球场地比赛、训练和休闲的实际需求和特点,根据国际棒垒球竞赛规则及国际惯例,对场地制定统一的建设规范,仅供参考。

(一)场地标准

(1)内场区:斜边为顶点,向正前方拉28.02m(快式25.86m)的直线为二垒垒包(在两界线与本垒板至背网之间为7.62~9.14m),垒间距离为19.81m(快式18.29m)。

(2)一公尺线:本垒与一垒垒包连线中点起,在外侧0.91m处画一条平行线。

(3)次击球区:圆形次击球区,直径1.52m,在邻近本垒区的球员休息区附近。

(4)击球区:两侧各有一个长方形击球区,长2.13m、宽0.91m。内侧线距本垒板1.52m。

上方边线与本垒板中心点距1.22m。

(5)接手区:侧线向后延伸3.05m,两边连接起来称为接手区,宽2.75m。

(6)垒指导区:一、三垒包外侧3.65m,各设置一个,向本垒方向画一条平行线,长4.57m。

(7)背网(本垒后方):高3.65~4.57m,宽3~6m。

(8)双色垒包:一垒可用双色垒包(图2-3),材质相同,长762mm、宽381mm,厚度不超过127mm。白色部分适用界内区,橙色部分适用界外区。

图2-3 一垒垒包示意图

(9)场地尺寸:本垒到外野栅栏的距离。快式:女子67.06m,男子76.20m。慢式:女子80.77m,男子91.44m。

(10)末端和侧边的边缘:在投手区至各个边缘间需有18m无障碍的空间。

(11)表面:外野建议使用天然的草皮。如果不能,可考虑人工的草皮块(含沙草皮或不含沙草皮都可以)。内野需要是矿物材质的表面。

(12)记号:76mm宽的白线,线长共75m。

(二)设施规范

(1)本垒板:橡胶制品五边形,长边面对投手450mm,两侧平行于击球区内侧线,长220mm,两条斜边各长318mm。

(2)垒包:以帆布或其他适合材料制成的正方形物体,长、宽各381mm,厚度不超过127mm。

(3)投手板:橡胶制品,长610mm、宽152mm,平放在地面上,长边面对本垒板。前缘中心点到本垒板顶端距离分别为:快垒投球距离(男子组14.02m,女子组13.11m);慢垒投球距离(男子组15.24m、女子组14.02m)。

(三)场地设施注意事项

1. 场地设施重要因素

所有活动区域四周需架设背网及安全围篱。

照明设备的光线应充足且能清楚看见空中的球,不需要强光。

垒球场内野区必须铺于表面的红土面材。

所有的器材与用具,不可以弃置在界内区或界外区。

2. 末端和侧边的边缘

在投手区至各个边缘间需有18m无障碍的空间。

3. 表面

外野建议使用天然的草皮,如果不能,可考虑使用人工草皮块(含沙草皮或不含沙草皮均可)。内野表面需要细小且紧密的矿物材料。

4. 障碍物和围栏

对于慢投垒球比赛的场地,一个基本的护网是必需的。它的中心部分,斜着穿过在本垒后面角落,至少要有3m长和3.6m高;另外在各边需有一个3m长和2.4m高的额外挡泥板。

为了避免投掷太靠近人行道或是其他邻近区,从障碍物开始应该要有延长的围栏(包含栅栏)在一垒和三垒后方;而这些围栏的高度至少要2.4m。如果要完全地封住投掷,球员可能会用平均1.2m高的围栏把自己和弯曲的外野围栏连接在一起。外野的围栏至少要有2.4m高。

5. 选手休息区

在比赛期间需提供两个场所供两队球员使用。一队在一垒边(客场队),另一队在三垒边(主场队)。提供的围栏可看到比赛场地的前墙,并且后墙应有修改过的木制长椅,通道只能设置在比赛场边的栅门处。

6. 更衣设备

更衣室需设有17～20位选手(包含候补球员),另加上2～4人的职员更衣空间。

第二节 比赛的主要装备及器材

慢投垒球比赛的器材装备主要有球、手套、球棒、护具、球鞋、服装等。

一、比赛用球

慢投垒球的比赛用球与棒球不同(图2-4),其表面应是整洁平滑的,使用白色皮革配红色线或黄色反光皮革配红色线,并有"I.S.F"标记,周长30.5cm,质量177～200g。但在日常上课或训练中,不会一直用专门的比赛用球,而是根据不同的使用场景,使用不同的球。如在练习打击时,一般会用机械球,初学者刚练习时会用软式垒球,日常上课时还可使用 PU 材质的垒球。

图 2-4 标准垒球、软式垒球、机械球示意图

二、比赛球棒

球棒的表面必须光滑,材质可用金属、木料、竹料、塑料、石墨、碳素、玻璃纤维等材料制成(图 2-5),球棒长度不得超过 86.4cm,质量不得超过 1077g,最粗端的直径不得超过 5.7cm。球棒必须符合国际垒球联合会的要求,并有认证标志。竞技组使用硬质垒球的比赛多要求使用木棒、竹棒、竹木合成棒。

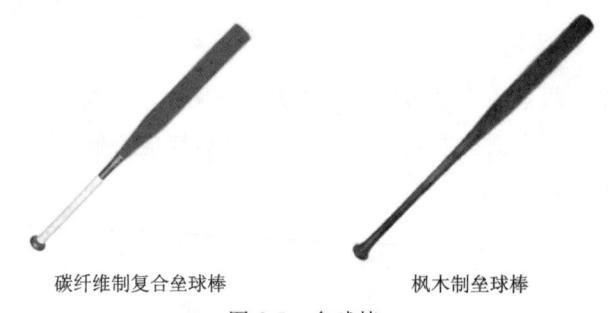

图 2-5 垒球棒

【小贴士】合格垒球棒要求

(1)球棒应由一支硬木或两片以上的木板黏结而成,而且木纹必须平行,长度相等。

(2)球棒可以使用国际垒球联合会审定的金属、竹子、塑胶、碳钢、镁、玻璃纤维、陶或其他合成材料制成。任何新的产品必须经过国际垒球联合会认定。

(3)球棒可以使用合板制成,但是必须使用黏合剂,以及修饰要整洁。

(4)球棒必须是圆形或三角形,且表面应平滑。

(5)球棒长度不得超过 87cm,质量不得超过 1100g。

(6)圆形球棒的粗端直径,及三面形球棒的打击面宽度,均不得超过 6cm,圆形球棒可以有 0.9mm 的膨胀系数。

(7)金属球棒,其握部可以成曲边三角形。

(8)球棒表面不得暴露裂缝、钉状、凹凸或尖锐的层面,或任何危险的系结物。金属球棒表面必须平滑。

(9)金属球棒不得使用木质握柄。

(10)球棒握把应有25~40cm安全软木、胶带(非平滑之塑胶带)或合成物制成,并可涂抹松脂粉以防止滑手。

(11)金属球棒若非一体成型者,必须在粗端填塞橡胶或乙烯树脂合成的塑胶,以保证安全。

(12)球棒的握柄头可以使用铸模、车床、焊接永久地拴紧等方法与棒体相接,同时在握柄处至少垂直凸出0.6cm(1/4)。只有"牵牛花状"或"圆锥形"的握柄头才应视为变造球棒。

三、手套

慢投垒球中使用的手套应为皮革制,除了接手和一垒手可以使用连指手套外,其他防守队员必须使用分指手套。所使用的手套,在拇指与其他部位之间,也就是虎口部位,不可以有花边、带子或其他设计,其长度为38.3~43.3cm(图2-6)。投手使用的手套应为单一颜色,而且不可用白色或者灰色。其他防守球员可以用多种颜色的手套,但手套的外表面不可以涂有白色或者灰色的圆圈,因为这样的球远看像垒球,会影响队员的判断,因此是违规手套。

投手或外、内野手套

接手手套

图2-6 垒球手套

【小贴士】如何选择适合自己的手套

在实际训练和比赛中,每个人的位置不同,个人习惯也不一样,所以对手套的选择也是各式各样,为了使初学者能够更好地选择适合自己的手套,下面给大家介绍一下各类手套,以供大家参考。

1. 投手手套

尺寸为30.48cm、31.12cm、31.75cm,球挡多为封闭式,如网格挡、网格编绳挡、两片式等,当然也可以选择自己喜欢的球挡,毕竟垒球投手不需要像棒球投手一样担心打击者及场上其他人员看到其抓球的手势。

2. 一垒手手套

尺寸为32.3cm、33.02cm,球挡正常多为"丰"字形、两片式、"H"形。

3. 内野手套——二三垒

尺寸为29.85cm、30.48cm,球挡多为"工"字形、"干"字形、一片式、"T"字形等,内野手套比外野尺寸小,因为内野比外野需要更快的反应速度,过大的手套会显得笨重且不利于快速取球,但尽量不要使用29.21cm及以下的手套,因为垒球的球体比棒球大,棒球的成人内野手套可以小到27.94cm,但29.21cm及以下尺寸的手套抓握垒球时不方便。

4. 外野手套

尺寸为31.75cm、32.3cm、33.02cm,球挡通常为"H"形、"丰"字形、牛舌形、"T"字形等,外野手套为了更适合于接高飞球,所以尺寸都比较大,这3种尺寸可以根据自己手形的大小,或者是身材比例来选择,但对于女球员来说不要选择偏大的,由于外野手套质量较重,尺寸太大的手套对女生来说是一个负担。

5. 接手手套(慢垒)

慢垒接手因为不直接对接投手的球,所以对手套没有特别的要求,即使拿内野选手的手套也可以,但通常用投手的手套更适合。

总的来说,垒球手套与棒球手套仍有区别,打垒球时还是尽量选择一个适合自己的垒球手套。有一些球友喜欢拿棒球手套用于垒球运动,这种情况并不提倡,因为棒球手套用于垒球运动后,某形状可能会被破坏,毕竟棒球手套的球窝是为小球而设计的,而且棒球手套的球窝相对窄一些,并不一定适合垒球。当然,适合自己的才是最好的,只要不违规,大家可以根据自己的喜好去选择手套。

四、护具

慢投垒球运动虽然竞技性降低了,但还是具有一定的对抗性。为了保证安全,较高水平的比赛中往往要求在进攻时击球员和跑垒员必须佩戴头盔。近年来在较为正式的比赛中,委员会多会对此进行强制性要求。

防守时,接手可以选择戴面具及护具等,但由于在慢投垒球的比赛中,接手距离击球员较远,所以对此一般并不作硬性要求。

五、球鞋

所有球员必须穿球鞋,材质可由帆布、皮革或类似材料制成即可。鞋底宜平整、柔软或用硬橡胶。通常金属鞋底和跟部的鞋钉均不得超过2cm,圆形的金属钉鞋则不允许使用。禁止使用硬橡胶、尼龙或多种化学物质等类似材料制成的金属鞋底及鞋跟的钉鞋,同时任何分级的比赛也不允许使用拴套在鞋底上的分离式鞋钉(图 2-7)。

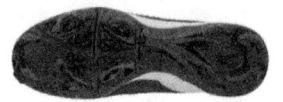

图 2-7　球鞋

六、比赛服装

同队球员必须穿着同一颜色、式样、整洁的服装。球员帽子要一致,男子球员必须全队配戴帽子,女子球员可选帽子、头巾、帽舌,但不可混合使用。球员穿着汗衫应与制服配合颜色一致(可能为白色),并非要求所有选手均着汗衫,但如有一名选手穿着,则必须全体一致。球员不可以穿着破烂或不雅的球衣。在裤子方面可选择球裤或滑垒裤,全体球员的球裤长、短均可,但必须为同一样式、同一颜色。球员们可着与制服同色的滑垒裤,并不强制所有球员穿着滑垒裤;若有超过两名球员(含两名)穿着滑垒裤,则其他球员必须穿着同一颜色、同一式样的滑垒裤。球员不得穿着破烂、暴露、扯裂的滑垒裤。所有球衣背面应有鲜明颜色的号码,其高度至少 15cm。同一球队球员的号码不得重复,汗衫袖子也不得破烂。

第三节　慢投垒球的基本礼仪

自古以来,中国便以礼仪之邦的美誉享誉全球,礼仪作为人民生活中基础且重要的道德规范,对于个体在社会中的交流以及身心的和谐发展具有深远影响。随着教育体系的持续完善,高校对学生的培养不再局限于文化知识的教授,而更加注重身心健康的和谐发展。体育教育在这一过程中扮演着举足轻重的角色,特别是在培养学生的礼仪素养方面。良好的礼仪教育不仅有助于学生在体育活动中保持友好关系,维护体育秩序,推动体育赛事的和谐发展,还能提升学生的人文素养,塑造良好形象,并传承中华礼仪文明传统。因此,体育教师在进行教学时,应同时注重学生的身体素质训练、技巧提升以及体育礼仪文化的教育。

慢投垒球是一项注重礼仪道德的运动,是英文中的"home"概念,体现了从家出发、最终回归家的精神内涵。在东南亚地区,棒球运动深受儒家思想影响,特别注重礼仪。慢投垒球的核心精髓在于礼仪,它不仅能营造和谐的运动氛围,还蕴含着谦虚、尊重、修身、宽容等深刻内涵。而忽视慢投垒球的礼仪,就无法领悟这项运动的真谛,难以体会其独特精神,也无法发现其相较于其他运动的优越性。因此,在日常教学与训练中,必须高度重视慢投垒球的礼仪。

慢投垒球是一项集体性强、对抗性高的球类运动,被誉为"绅士运动"。参与者需保持服装整洁,技术动作优美,球场行为符合礼仪规范。实际上,任何运动都蕴含其独特的礼仪文化。慢投垒球作为新兴的体育项目,其特有的礼仪文化与球场准则更需要得到理解和践行。通过研究和传承,我们可以将这些值得学习的部分发扬光大,让更多人了解和参与垒球运动。特别是对于低年龄段的垒球爱好者,培养他们的自身素质,让他们在接触垒球运动的初期就深刻理解相关的礼仪与球场准则,从而将这些礼仪与准则代代相传。以下是关于慢投垒球的基本礼仪概述。

一、球场礼节

(1)进出球场应行鞠躬礼。队员在进出球场时应脱帽行鞠躬礼。

(2)比赛训练要喊号。在训练和比赛中,要有自己的团队口号,用来增强团队凝聚力,集中注意力,展现团队风范。

(3)进入打击区应行举手礼。在踏入打击区前应行举手礼,一方面表现对裁判的尊敬,另一方面也能展现出自己良好的球品。

(4)攻守交换时应跑步上下场。在每局进行攻防交换时,双方队员应当跑步上下场,一是减少损耗的时间,二是体现双方队员的精神风范。

(5)比赛前后相互敬礼。在比赛开始前以及比赛结束后,双方队员应列队于本垒板两侧,并根据主裁判的语令,脱帽行礼,同时相互上前握手致意。

(6)脱帽礼仪(致意,听教练员讲话、指导)。慢投垒球运动员的装备中,球帽具有独特的地位。在比赛中,球帽不仅能够为守场员遮挡部分阳光,使其更好地专注于比赛,而且随着慢投垒球运动的发展,球帽已经成为运动员的标志之一。因此,每位慢投垒球选手都应正确理解和使用球帽。

历史上,脱帽致意的传统源自冷兵器时代。当时,士兵普遍佩戴笨重的铁质头盔。在非战斗状态下,士兵会摘下头盔以放松,久而久之,脱帽成为安全、友好和无敌意的象征,并演变成今日的脱帽礼。

在慢投垒球比赛中,球员必须佩戴球帽入场。球员之间互相致意时,他们会轻捏帽檐,微微抬起帽子,以示友好和尊重。在训练场上,当教练员宣布训练任务或进行全队训话时,队员应双脚跨立,将球帽摘下,自然置于身前,专心聆听教练的指示。在训练过程中,若教练需要暂停训练以纠正错误或进行技术指导,队员亦应摘下球帽,仔细聆听并在结束后向教练致谢,然后再将球帽戴上,继续训练。

这种对教练的脱帽礼,体现了慢投垒球选手对教练的尊敬,更是慢投垒球运动中不可或缺且至关重要的环节。

【小贴士】

1.教练、前辈教导时应脱帽

在教练或前辈对你进行教导时,理应脱帽,正视聆听,以表达对前辈和教练的尊敬。

2.抗议裁决不公时应脱帽

在遇到有争议的裁判时,应该由教练员或者队长出面进行交涉,而不应该是队员蜂拥而上与裁判进行对峙。在面向裁判员时,应当先脱帽再表达你的抗议内容,在表达意见时,要以安静委婉的态度请求裁判员进行合理的解释,以表现出运动员本身的修养与风度。

二、赛前礼仪

教练员填写上场队员名单要认真、仔细,字迹工整。上场队员名单包括队名、时间、击球次序、队员服装号码、防守位置、队长、教练员签名等，一式三份或一式四份，交给记录及主裁判审对，小小的一纸"上场队员名单"，体现了对己方、对方和裁判员的尊重。赛前挑攻守双方教练之间要礼貌示意，与裁判员握手示意，表示对裁判员的尊重。

比赛前的练习要相互谦让场地，互不干扰，练习击球各占一半场地更要注意安全，赛前练习传球，击球不要伤及他人。当球传到本方时，要礼貌地传给对方，接球者应礼貌示意。5min内场练习跑上跑下，不可拖延时间，故意延时是一种不礼貌的行为，重视比赛，服从裁判。尊重对方更是礼貌的体现：确定攻守顺序后，双方各就其位（攻方在一垒一侧，守方在三垒一侧），不得擅自离开队员席，队员席内不得有"非本方"参赛人员。

赛前双方列队进场，列队于击球区外沿顶端（教练、队长、队员依次排开），两队面对面，由裁判员主持碰头会。裁判员宣布比赛规则和攻守顺序，与裁判员确定最后名单，裁判员把双方名单进行交换，双方致意后可退场。

裁判员站位（衣冠服装整齐，严肃认真），裁判员扫本垒板，扫垒包是对比赛的重视与尊重攻守双方。两个跑垒员指导区必须站有符合规则规定的攻方指导员，击球员应先击球准备区等待进场。当裁判员宣布击球员进入击球区时，则比赛开始，击球员进入击球区时应向裁判员致意（或鞠躬），裁判员应回应，非比赛人员禁止进场。次位击球员在击球员准备区准备（不得影响比赛）。双方呐喊助威，应有利于比赛，注意礼节，不得有不礼貌言行，不得用语言刺激对方，规范本方观众的言行，视同本队的责任。在比赛中服从裁判员，合理申诉（教练员），不属于申诉的范围不得申诉，遇到规则问题可异议但不可抗议（抗议必须是书面抗议），经裁判员解释后马上恢复比赛，执意坚持意为罢赛。换人或暂停必须通过主裁判。

比赛的条款有很多。如比赛时间，结束局数，由裁判员按规则公正判定，当主裁判宣布比赛结束时，双方队员"必须"列队。退场后双方分别集体向裁判员、教练员、观众致意（致谢），提倡环保与公益，清理队员席与场地的废弃物，尊重场地人员的劳动。

三、比赛中与对手、裁判之间的礼仪

竞技体育虽然残酷，但是一支尊重对手、尊守规则的球队一样可以得到像冠军队伍一般的美名。任何运动都追求公平竞争和高尚的体育精神，慢投垒球运动更是如此。一场比赛开始之前，双方队员要先列队相互致意，在裁判员的指引下，双方队员从垒线沿线进入场地内，与对方队员相互脱帽握手致意，互相勉励。比赛结束之后双方队员同样需要回到一、三垒垒线上，在裁判宣布比赛结果之后双方队员再次进入场地相互脱帽握手致意，对对方努力奉献的精彩比赛表示感谢。

除了对对手的尊重之外，慢投垒球比赛中更需要被尊重的就是裁判员。一场完整的慢投垒球比赛需要九局来分出胜负，通常会耗时3h以上，比赛中双方互有攻守，队员们都可以得到恢复休息的时间，只有场上的裁判员必须自始至终坚守在自己的岗位上，所以裁判员理应获得高规格的球场礼仪待遇。作为一名运动员，在比赛场上服从裁判员的判罚是一项基本要求，即使是裁判员的失误也不应该在比赛场上公开质疑指责裁判员。慢投垒球运动对于裁判员的执法能力、身体素质以及反应能力等都要求非常高，所以慢投垒球选手更应该尊敬和服从裁判员。

在比赛中,每一位击球员进入击球区前应向司球裁判员致意,用手握住头盔帽檐轻轻抬起或是向裁判员鞠一躬均可,以表达对裁判员辛苦工作的感谢。需要切记的是,不得从司球裁判员和对方接手中间进入击球区,这种做法是对裁判员的极大不尊重。当遇到判罚争议时,也应由教练或队长出面在合理的申诉时间内进行交涉,不得一拥而上,并且在与裁判员交涉时应脱帽,以冷静委婉的态度请求裁判员做出合理的解释。在裁判员宣布比赛结果之后,双方队员应脱帽向裁判员致谢,感谢裁判员整场比赛的辛苦付出。

四、观赛礼仪

在欣赏慢投垒球比赛时,尽管观众的热情可能与其他高强度球类赛事不相上下,但我们必须确保这种热情在理智的框架内得以表达。观众可以组建啦啦队来支持自己喜爱的球队,但需适度掌控其热情表达的方式,避免过度喧嚣或无序的呼喊。投球和击球环节是比赛中最紧张的时刻,运动员们必须全神贯注,因此,此时观众最好保持安静,以免干扰他们的专注。一旦球被击出,观众便可尽情欢呼喝彩。这种高涨的观众情绪将对运动员产生积极的影响,激发他们发挥出最佳水平。当场上出现精彩的安打时,欢呼声将达到高潮。

总体而言,慢投垒球运动堪称一项典雅的运动,它不仅具有锻炼身体、提升心理素质的功效,更能塑造一个人的卓越品质。慢投垒球所蕴含的礼仪细节,无时无刻不在彰显体育精神,同时也潜移默化地体现了儒家文化的精髓。为了更好地推广和发展慢投垒球运动,我们必须从细节入手,从核心要素学起,深入领悟慢投垒球的精神内涵。而这项运动的核心,正体现于慢投垒球的礼仪之中。因此,在日常的训练和比赛中,我们不仅要注重身体技能的训练,更要加强对慢投垒球礼仪的学习和理解。同时,我们要将慢投垒球的礼仪融入日常生活中,将其思维方式应用于日常工作和学习中。通过长期的积累和实践,我们不仅能够精通这项运动,更能够塑造一个全面而优秀的人格。真正热爱慢投垒球的人,不仅在挥棒投球的瞬间全情投入,更是在运动的每一个环节都体现出慢投垒球礼仪的精神。

第四节 慢投垒球器材的维护

(一)球具轻拿轻放

在上课或训练时,总是会看到同学或队员将球棒、手套、球筒等器材随意乱放,若长期如此会对器材造成损坏,减少其使用寿命,养成不爱护公共用品的不良习惯,所以慢投垒球球具要轻拿轻放。

(二)球具避免踩踏

各类球具,例如手套、球棒、球鞋、护具等,无论是自己的还是公共的都要多加爱护,不能拿其当作坐垫,也不能随意踩踏。要保持对器材的敬畏之心,日常训练和比赛中都要珍惜爱护。

（三）手套的维护

1. 整修和保养方法

手套是皮革制品，所有皮革制品最大的敌人就是水和泥土，所以下雨或是不小心碰到水的时候一定要用干毛巾把水擦去，置于阴凉干燥的地方自然通风，不要日晒（太阳的直射也是皮革杀手，会使皮革变硬、干裂，严重缩短手套的寿命），也不要放在不通风的地方，这样会使皮革发霉。

2. 手套上油

给手套上油能让手套变好用且用得久，如果一直不上油，会使皮革变得干涩，失去弹性，接球时就会失去"吸球"的感觉，手套也容易破损。如果新手套的皮和线都比较干，涂抹适量的保养油有助于延长其使用寿命，皮和线都可以充分滋润且更有韧性，不会因为干掉而脆化、破裂损坏。关于油，有固体油和液体油两种。使用油时优选固体油，虽然固体油比较难吸收，但是其保护时间更加持久，液体油主要用于短时间清洁和赛间的日常保养。

3. 手套保存

每个手套都有一定的使用寿命，平时不好好爱惜会损耗手套的寿命。比如，接球方式不正确、手套受到挤压等都会对手套的寿命造成影响。给手套塑形是一个很重要的环节，可以用一颗棒球或是垒球放置于球袋中，再用一个松紧带或是绳子之类的东西将手套捏合放置。手套内放球的作用主要是把手套的大拇指与小拇指位置"压定型"，使手套容易接住球。工欲善其事，必先利其器，手套保护好了，才能最大程度地发挥其功能。

第二篇
教学训练模块

第三章
慢投垒球技术

第一节　慢投垒球技术概述

　　慢投垒球比赛胜利的取得,离不开运动员扎实且稳定的进攻与防守技术。该运动以进攻方的击球与跑垒得分,以防守方的投球、接传球等行为相互对抗为特点。进攻技术主要包括击球与跑垒两方面。击球作为进攻的起始环节,其效果对击球员及跑垒员的成功得分具有直接影响。此外,跑垒行为决定着进攻队员能否将击球机会转化为得分,只有具备出色的比赛观察能力、启动意识以及精湛的跑垒技巧,才能有助于将成功击球的优势转化为胜势。

　　与此同时,慢投垒球的防守技术同样至关重要,主要包括投球、传球、接球等,依据场上位置的不同,防守技巧亦有所差异。防守队员应力求以最快速、最高效的方式使对手出局,阻止对手得分,从而夺取比赛胜利。

第二节　慢投垒球打击技术

一、握棒

　　每个击球员的身体素质、对场上技战术要求以及打击习惯等方面的不同,对于慢投垒球的握棒方法会有一些变化,以下均以右手为主力手的击球员为例,对握棒手法进行简单介绍。

　　(1)正常握法(图3-1),左手在下握棒,离棒托端约5cm,右手在上握紧棒柄,双手靠拢。除此之外,根据个人条件、场上需求也可将长短的握棒方法分为长握法与短握法。

图3-1　正常握法

(2)长握法(图 3-2)。击球员击球时左手在下,握住柄末端,右手在上靠拢左手。这种握法加大了摆动的力矩,能够帮助击球员提高击球的动作摆动幅度,且击出的球更有力。上肢力量较强的击球员往往采用这种握法。

(3)短握法(图 3-3)。左手在下,握住棒柄末端以上 12cm 左右,右手在上,两手靠拢握。这种握棒方法力矩短、起棒快、摆幅小、击中率高,适合初学者、力量偏弱的打击者使用。但这种握法会造成击球力量差,击球质量大大下降。不同的握棒位置能够产生不同的击球效果。但无论哪种握法,都要保证下手握紧,上手和双臂放松。

图 3-2　长握法　　　　　　　　　图 3-3　短握法

二、握棒的手型

初学者在开始学握棒时,应先将球棒斜立于地面,棒端指向自己,右手为主力手的击球员先用左手握住球棒末端,右手顺势握紧棒柄,并向左手靠紧。击球员四指自然弯曲虎口处握住球棒,再将拇指压在食指或食中指间,然后收肘收腕,将球棒举于肩膀右上方。这是最基本的握棒方法。

击球员可以根据自己喜好、投手特点或战术需要对握棒手型进行调整,主要有以下 3 种。

(1)两手的第二指关节相互对齐,形成一条直线(图 3-4)。这种手型利于控制球棒,使击球员挥棒更具灵活性。

(2)左手二、三指节面对准右手第二指关节(图 3-5)。

图 3-4　两手的第二指关节对齐　　　图 3-5　左手二、三指节面对准右手第二指关节

(3)两手二、三指节间的关节面相互对齐(图3-6)。该手型能够帮助击球员更好地发挥主力手的力量,但挥击时棒心容易偏离"球心",准确性稍差。

图 3-6 两手二、三指节间的关节面相互对齐

练习击球时,不要用手掌将棒握得太紧,要学会用手指自然地把球棒握在手中,手心部分不要承担太多的压力,图3-7中给出了错误的握棒方式。

握棒太紧,手腕不自然　　　　　　　　左右手未靠近

图 3-7 错误的握棒

三、击球员基本站位

1. 击球员的选位

击球员的选位是指击球员双脚站在击球区内的位置。从严格意义上来说,击球员站位分为远、近、前、后、中5个位置。远位和近位表示击球员两脚站立位置离本垒板中心垂直线的距离远、近(图3-8);前位和后位表示击球员两脚站立位置在击球区内的前、后位置(图3-9);中位则处在击球区的中间位置(图3-10)。不同的选位对于击球员击球效果会产生不同的影响。例如,远位更便于击打内角球,但相对于外角球来说则需要配合垫步、伸踏等去调整击

球,前位便于击打前板球但对于后板球则需要配合步伐、击球高度去调整击球。

不同选位对于击球员的击球效果不同,击球员可结合自己打击习惯、投手特点、战术安排等选择最佳的站位,以下所有图中均以右打者为例。

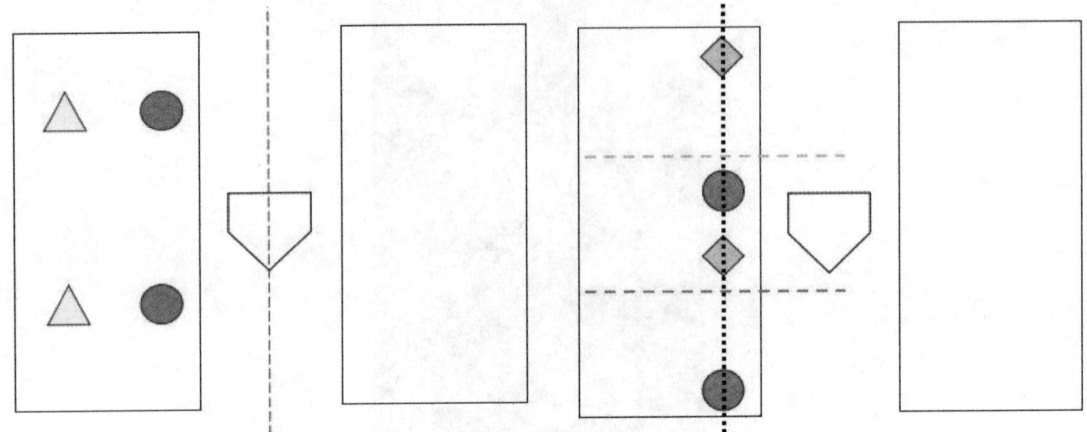

图3-8 击球员的站位分为远(三角形)、近(圆形)　　图3-9 击球员站位分为前(菱形)、后(圆形)

2. 击球员站位方式

击球员的站位方式是指击球员选位后两脚站立位置的方式,常见的站位方式主要有以下几种。

(1)中间式(图3-11)。中间式站位又称平行式,要求击球员分立的两脚连线与本垒纵向中线平行,身体重心落于两脚连线的中点,肩膀保持水平。这种站位取向介于开放式和关闭式之间,不易露出过多的破绽,受到大多数击球员的青睐。

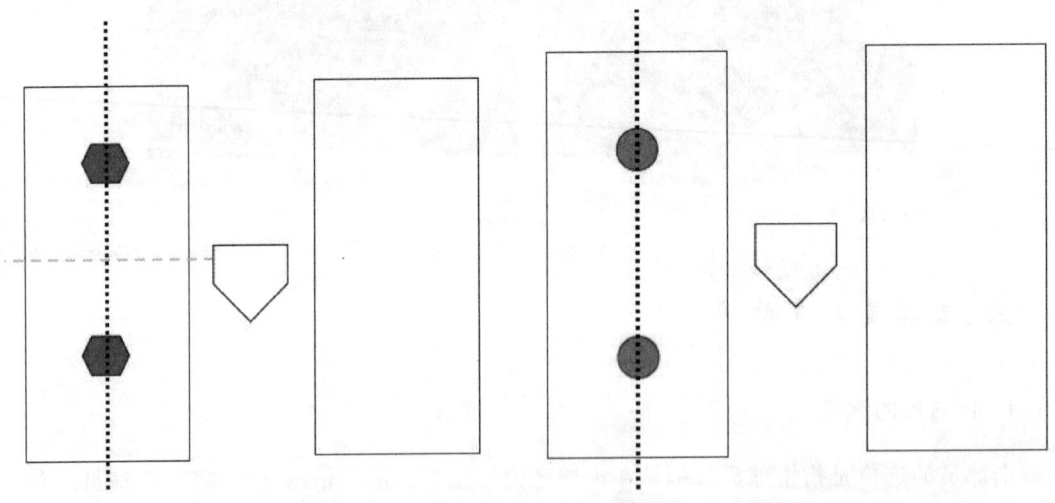

图3-10 击球员站位为中(六边形)　　图3-11 击球员中间式站位(圆形)

(2)开放式。开放式站位(图3-12)要求击球员在中间式的基础上,前脚(离投手较近的脚)向体后撤半步,后脚向身前略微迈出半步或者一步,击球员正面侧身斜对投手。采用这种站法,有利于击球员观察投手投球动作,更易于击打内角球。另外,该站位缩短了身体转身发力的距离,精简了击球员转腰幅度,有利于击球员快速反应,提高击球命中率。

(3)封闭式(图3-13)。该站位要求击球员在中间式的基础上,重心落点与本垒板的相对位置保持不变。前脚(离投手较近的脚)向体前迈出半步或者一步,后脚向体后撤半步,击球员背面侧身斜对投手。采用这种站位方法能够加大击球员髋、肩、臂的转动发力距离,可以有效地发挥向前转动的肌肉力量,使得击球动作更加有力,更利于击打外场高飞球,以及外角球。

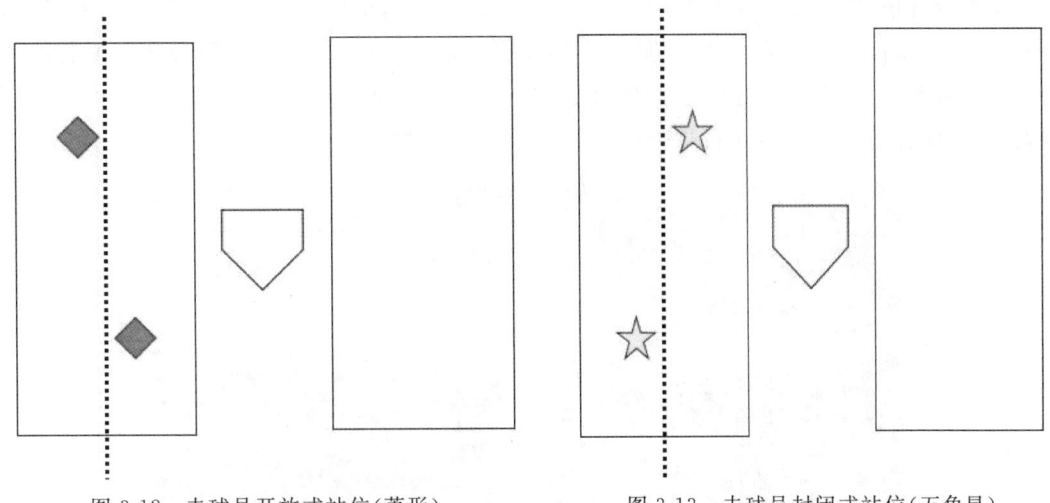

图3-12　击球员开放式站位(菱形)　　　图3-13　击球员封闭式站位(五角星)

四、打击准备动作姿势

以右手为主动手的击球员为例。击球员左肩侧对投手,选好站立位置,握好球棒。两脚开立,略与肩宽,两肩连线与地面平行,身体重心置于两脚连线的中点且保持稳定,收腹含胸,膝关节内扣并微屈。两手并拢,握紧球棒,并将其置于右肩前上方,左臂稍屈,右臂自然斜垂,双手和肘部不能夹紧身体,面朝投手,收紧下颌紧靠左肩,两眼注视投手投球。握棒并将棒举于右肩上方,球棒可以略微放平或者竖直指向天空。大多数击球员都会选择竖直握棒,使球棒的重心落于双手手腕之上,这样可以达到省力的效果,但击球反应时间会被拉长。

五、挥击技术

1. 引棒

引棒是在投手投球出手的一瞬间,击球员(右手为主动手)以球棒先行方向向后,牵动腰部及肩部,使腰腹肌、肩背肌肉向击球员身体右侧拧紧蓄势,身体的重心从两脚连线中点牵拉至后脚,前腿膝关节内扣,前脚尖点地(图3-14)。引棒动作可以增加击球员挥棒击球的做功距离,为踝关节、小腿、膝关节、腰髋关节、肩关节以及肘腕关节充分而协调地发力提供最初动力,并为随后的挥棒动作做好准备。击球员要积极辨别来球的轨迹,判断来球是好球还是坏球。如果决定击打此球,则立刻过渡到伸踏、挥击的技术环节。如果发现是坏球,击球员应立刻制动,放弃接下来的挥击动作。

2. 伸踏

引棒动作完成之后，下一个环节就是伸踏动作。该动作如果能做到全身协调一致，则"引棒"动作中积蓄的"全身势能"能够有效地转变为击球的"动能"，提高挥棒初速度从而增加击球初速度。

伸踏动作的要点：当击球员判断好击球位置和节奏时，击球员垫步或向击球点方向伸踏一步，调整至最佳挥棒位置，后腿蹬地使身体获得向击球方向的移动，前脚脚掌内侧着地，重心平稳过渡到全脚掌触地，左腿自然伸直支撑制动。完成伸踏动作的瞬间，身体的髋关节送出，而重心大部分仍然保持在右脚（后脚）上，身体呈背弓状（图3-15）。

图 3-14 引棒

图 3-15 伸踏

3. 转体下棒

伸踏之后应当立刻衔接转体下棒的动作，身体围绕着中轴进行旋转，同时手与身体同步进行旋转。球棒从肩部位置下降到胸口附近，通过肩膀的角度调整球棒角度，以获得不同高度的击球点（图3-16）。转体时应当尽量保持手和身体的相对位置不变，避免腰转开时手还停留在后面，或者身体不动，勉强用手去带动球棒，这样都无法达到手与身体的协调。

4. 中球

转体下棒之后，利用手腕控制球棒，使球棒的击球部位完全击准来球。在中球时，应当尽量保持球棒水平挥击，避免击球员双臂及上身上扬或者下砍。从规则上来看触击（用

图 3-16 转体下棒

棒轻碰球使球慢慢滚动)是不允许的;从技战术的角度来说,下砍会造成地滚球,容易被防守队员封杀。而向上扬的挥击动作,除非具备很强的力量,飞行距离超过防守队员的防守范围,否则只能使球飞行的弧度变高,容易被对方防守队员接杀。

挥棒要注意膝、腰、肩需平衡并在各自的同一水平面上旋转,稍有偏斜都会破坏其整体平衡,不要只用手臂将球棒伸出,而是在肚脐前利用腕力击球。最好能找到身体重心,注意头部位置不要破坏平衡,当重心由右脚移到左脚时,头部才稍微朝前。

5.延伸

挥棒击球动作完成后,挥棒动作顺着惯性方向自然延伸,这个顺势的继续延伸动作称为随挥动作。随挥动作的主要部位是手臂、手腕和腰部。击完球之后击球员双臂放松,手指轻握球棒,非主动手手腕自然外翻,两臂及上身随着惯性向身体转动方向继续转动,棒头摆至左肩后上方。击出有效球后,随挥动作一旦做完就立刻放下球棒,切不可因挥棒用力过猛而将球棒大力甩出,这样可能会造成危险事故。

第三节 跑垒基本技术

跑垒是进攻方克敌制胜的又一重要手段。一名优秀的跑垒员总是能够通过准确的判断来选择最佳的起动时机,利用最快的移动速度和与队友的默契配合上垒得分。在这众多因素中,移动的速度并非是决定跑垒员能否上垒的全部因素,跑垒员的意识、思维以及对比赛的审视能力也是跑垒的关键。跑垒技术主要包括击球员后跑垒技术、跑一个垒技术、连续跑垒技术和滑垒技术。

一、击球员跑垒技术

击球员在将球击打出去后起动冲向一垒时,转变为击跑员。击跑员成功占据一垒后,他才能被称为跑垒员。击球员完成击球动作将球击出后,需要瞬间判断击球的飞行轨迹、落点、转腰、起步、放棒一气呵成,并迅速地向一垒方向进攻,两眼注视垒包和一垒指导员的手势,从而确定跑垒路线,以保持最快速度冲垒。击跑员在中途需要经过宽约90cm的跑垒限制道,若防守队员在限制道内接球,击跑员有责任躲开他以避免冲撞,也有权力沿着垒线内侧继续冲向一垒。

若一垒跑垒指导员手势或者口语没有指向二垒跑的意图,击跑员应以最快的速度以一垒外侧垒包为目标进行全力冲刺。再踏一垒包前约3m的最后冲刺阶段,上体前倾,弯背低头,踏垒包外侧的最近垒角,身体向外倾斜。冲刺过一垒垒包从界外回垒,若从界内回垒则有被触杀出局的可能。根据规则,规定击跑员上一垒以及三垒跑垒员上本垒可以冲出垒包进行减速,一垒上二垒、二垒上三垒如果上垒后离开垒包,则会有被守方触杀的可能。若攻守行为仍在继续,在返回一垒后,在非死球局面跑垒员要随时做好继续进垒的准备。

若一垒跑垒指导员手势或口语指向二垒跑,击跑员此时应立即绕道拐弯跑垒,进行连续跑垒技术，冲过一垒垒包，尽量以右脚前脚掌外侧踩一垒垒包内侧最近角并向二垒或三垒进垒。

二、跑一个垒技术

棒球与慢投垒球的跑垒规则有所不同。在棒球比赛中，跑垒员可以在击球员击球之前提前离垒进行跑垒。然而，在慢投垒球比赛中，跑垒员必须在击球员击中球之后才能离垒，否则将被判定为提前离垒，从而出局。一旦击跑员安全抵达一垒，他便转为跑垒员。

跑垒员的主要任务是进攻下一个垒位并最终返回本垒得分。此外，还根据比赛的实际情况，跑垒员需分散对方防守队员的注意力，诱使对方队员犯错，协助队友得分。在任何垒位上，跑垒员都应保持专注，积极分析场上形势，并为进攻下一个垒位做好准备。

跑垒员在投手投球前，必须看清比赛局面是否是被迫或者非被迫进垒，以及考虑出局数等，做好击球员击球后的快速判断，自己是否进攻下一个垒位。跑垒员准备起跑时，主力脚踏住垒垫的内沿，另一只脚自然跨出垒包一步，支撑身体重心，两膝弯曲，上体前倾，成站立式起跑姿势，并两眼紧盯投手投球动作。

当跑垒员为非被迫进垒时，跑垒员应随时做好准备，若击球员击出安打球时，或上垒成功率较高、危险性较小的球时，跑垒员应迅速蹬踏垒垫内沿、重心前倾，双臂奋力摆动，以求最快的速度向下一个垒位进攻。当击球员击出的球使得上垒危险较大或者成功率较低时，跑垒员应当运用急停急转的技术，瞬间转身，迅速回到原来的垒位上。

当跑垒员被迫进垒时，只要击球员击打的球在场上接触地面，跑垒员就必须向下一个垒位进攻，否则就容易造成封杀或者双杀甚至三杀的局面。

当击球员击出安打球时，跑垒员认定继续跑垒后，应当继续保持离垒起动时的加速度，并保证以最短时间达到最大速度。进入最大速度的匀速跑阶段后，跑垒员应逐渐将向前倾斜的上体抬起，步幅逐渐扩大，两眼注视垒包和跑垒指导员的手势，若跑垒指导员手势或口语指示继续抢进三垒或者本垒，跑垒员应立即采取连续跑垒技术攻抢三垒或本垒。

跑垒员在即将到达所攻占的垒位（二、三垒）前的3m左右时，有两种急停的方法：一是跑垒员先将身体重心向后倾斜，步幅逐渐缩小，并努力控制身体平衡，在垒前主动降低身体重心，并以左脚为轴，猛地向左转身，提拉右膝，以右脚前脚掌内扣伸踏垒垫内沿急停；二是跑垒员在左脚触踏垒垫后，随着身体前移的惯性，右脚继续向垒前跨出一大步，用全脚掌着地，以缓冲前冲力量，切记左脚不可离开垒垫。

三、连续跑垒技术

连续跑垒技术是指击球员将球击出，击球员、跑垒员连续跑两个或多个垒位所运用的跑垒技术。连续跑垒技术使用的前提在于击球员能击打出安全性高、上垒成功率高的球。

击球员与跑垒员的连续跑垒技术略有不同。击球员在将球击出的一刹那，无论击球质量好坏，应立刻变为击跑员，采用击球后跑垒技术向一垒冲刺。为了避免减慢速度，击跑员跑垒时不需要过多观察比赛局势，完全依靠跑垒指导员的手势。跑垒指导员站在场外，能够准确判断比赛的局势,并及时给出较为合理的跑垒策略。在判断可以进行连续跑垒技术时,一垒跑垒指导员会给予手势或口语指向二垒跑垒员进行跑垒。而其他垒位跑垒员则需考虑场上局势,观察击球员击打出去的球。如果时机来临,则首先采用跑一个垒的技术,向下一垒位冲击。在起动阶段,跑垒员需要自己进行观察,一旦有不利情况,应立刻回到原垒位。如果发现本方的攻击优势明显,或者跑垒指导员暗示其连续跑垒,跑垒员则应立即调整跑垒技术,进行连续跑垒。

连续跑垒的技术特点类似于跑400m的弯道技术,跑垒员为了在踏第一个垒时能够保持原有的速度,会选择沿着弧度的轨迹进行跑垒。跑垒员会在离下一个垒位5m左右时,开始绕外侧弧线轨迹跑动。跑动中,跑垒员右脚以前脚掌内侧着地,左脚以前脚掌外侧着地,上体向内倾斜,右肩高于左肩。靠近垒位时,用右脚触踏垒包的内角,踏垒后改用"跑一个垒"的技术直线加速跑。

四、滑垒技术

滑垒技术是指跑垒员在即将到达垒位前的一刹那迅速倒地,通过紧贴地面的滑动,用手或脚触及垒包的一种进攻技术。在慢投垒球比赛中,该技术优势主要体现在两个方面:一是能够保证跑垒员的高速触垒,提高上垒的成功率;二是跑垒员身体紧贴地面平滑,减少身体被防守队员触杀、相撞的面积。滑垒技术主要有坐式滑垒、勾式滑垒和扑垒3种。

1. 坐式滑垒

坐式滑垒是跑垒员利用快速下坐前滑的方式进行攻垒的技术(图3-17)。跑垒员移动至距离垒位3m左右位置时,跑垒员身体稍微向一侧转动,并开始将同侧膝关节自然弯曲,弯曲侧腿在下面,依次用脚背外侧、小腿外侧和臀部着地,以坐姿向前平滑。同时,另一条腿抬起、伸直,前伸积极触垒。在跑垒员下坐过程中,应保持身体平衡,双手抬起,身体重心放在弯曲的双腿上,避免被地面沙石损伤。

图3-17 坐式滑垒(图片来源:中国体育)

坐式滑垒技术在比赛中较为常见,是一项比较安全有效的滑垒技术,该技术不仅可以从垒包正面进行,也可以从垒包侧面进行。触垒后,坐式滑垒的跑垒员可以以最快的速度起身,并进入下一次攻垒环节。

2. 勾式滑垒

勾式滑垒是指跑垒员在滑垒时,积极滑向垒包一侧,并用像钩子一样的脚触垒的技术。

跑垒员采用这种技术,主要是为了躲避站在身体一侧内场员触杀而使用的,跑垒员不仅可以滑向垒包的右侧,也可以滑向垒包的左侧。

在滑向垒包的右侧时,击球员身体应向右侧偏倒,同侧腿(右腿)的膝关节向内旋屈,用脚背外侧、小腿外侧、大腿外侧以及臀部依次着地。身体保持平衡稍向后仰,右脚稍微抬起,向垒包的右侧伸出。左脚脚尖保持伸直状态,轻轻勾住垒包外角。在跑垒员身体滑行停稳之前,左脚不能放开与垒包的接触。在跑垒途中,如跑垒员观察到防守队员站在垒包右侧角时,跑垒员可以改变跑垒方向,从垒包左侧勾式滑垒,以躲避触杀,滑垒动作与右侧滑法相反。

3. 扑垒

扑垒类似于足球比赛中冲顶的动作,也类似于排球比赛中的鱼跃救球,动作简单易学,滑进的速度比较快,被触杀的面积小,是在安全上垒与被杀出局非常接近的时刻使用的滑垒方法。当跑垒员在快速跑动接近垒包2~3m的距离处,上体前倾,重心降低,双脚用力蹬地,两臂尽量前伸,一跃向前,在身体前倒中扑出,膝部稍屈,小腿向上抬起,依次以手掌、胸部、腹部和大腿着地向前滑行,头部抬起注视垒位,以靠近垒包一侧的手触垒。扑垒时一定要抬起小腿,用腹部和大腿着地,否则膝盖着地的话不但影响速度,还会造成身体受伤。

第四节 慢投垒球传接球技术与防守

一、传球基本技术

1. 握球的方法

传接球第一要点就是正确地握球。握球方法主要为三指握球法(图3-18),由于每个人的习惯以及手的大小不同,握球的方式会有偏差,但不论是哪一种握球方法,都要保证至少有三根手指搭在球的缝合线上,这一点对传球的速度和准确性非常重要。其次在握球时,球与手掌心要有足够间隙,避免球与手掌心贴合,造成手腕不灵活。技术要诀:①手较大的球员,食指与中指的第一个关节与球的缝线垂直;②手较小的球员,食指、中指以及无名指的第一个关节与球的缝合处垂直;③拇指与小指要紧撑着球;④不可把球紧贴于手掌心,要轻松地握球;⑤防守队员一旦接到球再传球时,无法意识到球的缝线处,此时最重要的是把球握稳后迅速传出。

2. 肩上传球

肩上传球是一种以肩部发力为主的传球方式,是众多传球技术中运用频率最高的一种传球方法,多用于内野手之间,以及内、外野手之间的中远距离传球(图3-19)。这种传球方法可使传球路线较为平直、有力,稳定性、准确性较高。它的技术动作主要包括以下几个环节。

 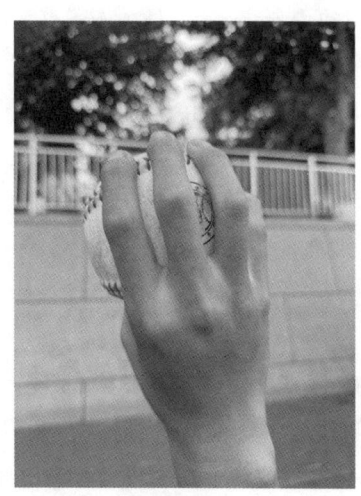

图 3-18 三指握球正、反面示意图

(1)准备姿势。传球手两脚开立约与肩同宽,膝部微屈,两手持球于胸前,两眼正视传球目标,身体放松(图 3-20)。

图 3-19 中远距离传球　　　　图 3-20 准备姿势

(2)转体引臂。传球手一旦做好传球的准备姿势,下一动作环节就是转体引臂。转体引臂时,传球手先从手套中取出球,两侧肩膀顺势展开,双肩展开动作类似于扩胸运动,肘关节在此环节不用抬起,前脚微微抬起或前脚掌轻轻点地,身体重心向后脚移动,头部朝向传球方向,双眼紧盯目标。转体即将完成时,传球手臂的肘关节开始抬起,与肩齐平(异侧臂略微前伸,指向传球方向)(图 3-21)。

(3)伸踏传球。在球被完全举至肩部以上前(准确的肩上位置是肘与肩平,球高于耳),传球手就进入伸踏传球的技术环节。在此环节中,传球手应先将身体重心从轴心脚向前过渡,并借助向前蹬伸的力量,带动上体左转。左转到球恰被抬至与耳眉平齐的位置。此时,传球手传球臂的肩、肘、腕关节协调发力,以鞭打动作向传球目标伸臂、屈腕、拨指、出球。出手时,手指应使球产生一个充分的由上而下的下旋旋转,使球平直而稳定地飞向目标。

(4)结束动作。球一旦与手脱离,肩关节、大臂、小臂以及手掌应随身体惯性送出自然落下至身体左下方,肩关节稍稍探出但身体不过于前倾,轴心脚自然前移到与伸踏脚平行成开立姿势,再次进入准备姿态。

3. 小臂传球

当传球手接住的地滚球低于腰部且时间非常紧迫时,可以采用小臂传球的方式(图3-22)。体侧传球主要依靠肩、肘关节的发力来完成。接球时,传球手可采用低位接球的方式。接球后,传球手立刻微屈膝关节,采用体侧水平引臂的方式将球引至体后。传球时,传球手后脚蹬地,身体重心由后向前平稳过渡,并拧腰向前。与此同时,传球手臂保持微屈,顺势从后向前传球,并在体侧前方出手。体侧传球球呈侧旋,不利于队友接球,多用于内场的传接。

图 3-21 转体引臂　　　　图 3-22 小臂传球

4. 低手抛球

低手抛球是内野手接住膝关节以下的来球或地滚球时,当靠近垒位时,为了及时将球传出的一种简化的传球方法(图3-23)。此传球技术要求传球手两脚自然开立,膝关节微屈,身体前倾正对传球方向。接球时,接球手尽量以正手低位接球的方式进行。传球时,传球手右腿主动蹬地,重心平稳移至左脚,同时腰部扭转加以配合,右臂竖直将球送至体侧前方,并以手掌平推将球送出。球体运行的方向、速度和旋转主要依靠挥动小臂、屈腕的协调发力来实现。此动作多用在垒位附近的近距离传杀或双杀配合中。

图 3-23 低手抛球

二、手套使用

传球使用的是惯用手,另一只手需配戴手套来接球,垒球手套可以保护运动员,减小来球的冲击力,增大接球范围,可以取得更好的接球效果。手套戴得正确,运动员移动时不累赘,接球牢而稳,传球手取球方便,所以如何正确地使用手套很重要。手套不要戴得太深或太浅,太深影响手做动作的灵活性,太浅则容易脱落或被球打掉。一般来说,手掌根部与手套的下沿齐平比较合适,这样可自然形成一个"球兜"的形状。

接球时手指自然张开,拇指与中指相对,无名指和小指自然微曲,虎口、拇指、食指和中指及相连的手掌就形成了一个凹兜,这就是接球的部位。接球时用手套食指的根部对准来球,也就是手套球挡的位置接球,两臂及手要放松,保持正确的手型和身体姿势,并有适当的缓冲空间。根据来球的高低或左右,接球手首先需要判断、快速移动,调整身体的位置,然后变换手指和手套方向,对准来球。

三、接球技术

1. 接球准备姿势

准备接球时,接球手适当降低身体重心,膝关节弯曲,上体稍向前倾,收腹,压臀,两脚自然开立,约与肩同宽,身体重心置于两脚之间稍向前倾斜,将配戴手套的一只手前伸,传球手置于手套的侧后方,双手屈肘置于胸前,该准备动作具有较强的稳定性和机动性。身体重心下沉可以保证接球的稳定与准确(图 3-24)。该准备动作又可以帮助传球手积极调整身体位置,不论是衔接前跨步,还是衔接侧向跨步、滑步、交叉步,甚至后撤交叉步都显得灵活易行。

2. 接球手套位置

接球手正确使用手套不仅可以帮助慢投垒球运动员避免运动损伤,还能够有效地扩大接球范围,增强接球效果,提升防守质量。传球手的手掌根部应与手套的下沿平齐,依个人习惯,食指可放入手套里,也可放在手套背层的外部(图3-25)。防守队员接球瞬间,手套凹兜正对来球,并尽量放松肘关节、手腕关节和手指关节。

图3-24 接球准备姿势

图3-25 手套的配戴

四、守备

在慢投垒球比赛中,各个位置的防守员有着各自明确的区域分工,每个队员必须知晓自己的任务与职责,同时也需要全体队员相互协同与配合,才能形成一个完整的防御体系。下面将对每个防守位置的职责和任务具体说明。

(一)一垒手的守备

在比赛中,一垒是进攻方为争取得分和胜利而首要争夺的垒位。击球员击球后,身份由击球员转换成击跑员,只有迅速跑上一垒垒包才有得分机会。与此同时,防守方接获击球员击出的球后,需迅速将球传给一垒手,确保球比击跑员先抵达一垒,从而使其出局。若球与击跑员同时抵达一垒,则判定击跑员安全。因此,一垒手的主要职责是准确接住传来的球,第一时间封杀击跑员。

此外,一垒手还需守好自己的防守区域,接收击向自己防区的球,并与二垒手、投手密切配合,协同防守一、二垒,以及实施双杀或夹杀策略。一垒手行动需敏捷,善于接各种传球,如高球、偏球、反弹球等,无论双手或单手都能熟练接稳。为缩短传球距离,增大传球目标,提高传球队员信心,并有利于一垒手接球后向其他垒位传球,宜选择身材高大、接球稳妥且习惯用左手传球的队员担任一垒手。

1. 一垒手的防守位置

在一般情况下,当击球员准备击球时,不论一垒有无跑垒员,一垒手应站在一、二垒垒线后1~2m、距一垒2~3m的地方,做好接球准备。

决定距离一垒远近的重要因素是由防守一垒手的奔跑速度、击球员的击球习惯以及打击策略决定。爆发力强、反应速度快的一垒防守队员,防守位置可以靠后一些,反之防守位置就要靠前一些。如果击球员是左打者,或者是准备进行双杀配合时,就要根据情况作适当调整。现今慢投垒球比赛中,因为打击难度较低,所以一垒手的防守位置不会距离一垒太远,以防被击球员将球击打后从自己左侧穿过,导致外野手也难以处理。

一垒手在进垒位接球时,应当微微弯曲膝盖,双脚不宜站立过开,待判断好球的路线后将非踩垒脚向接球方向踏出,准备接球。

一垒手接野手传球有几种情况,一种是接球后再踩垒包,另一种是身体接触垒包后接球。如时间较多的话,还可以站在垒包前,脚伸于来球方向接球。接球时与准备动作一样,基本的前倾姿势不变,膝盖降低,调整与野手间的视线高低,准备接可能传偏斜的球。下面将比赛中常见的一垒手的守备技术作简单介绍(以左手戴手套为例)。

(1)接球的基本技术。脚尖、膝、肩的直线姿势与接地滚球的基本姿势相同。右脚踩垒包,左脚准备向接球方向踏出,以扩大接球范围,若野手传球偏离垒包过远,应以接球为第一优先级。

(2)偏右的球。如传来的球偏右,非踩垒脚伸向接球的方向,以反手接球的动作来接球。

(3)偏左的球。如传来的球偏左,此时跑垒员还没有冲过来,可以直接往左伸手接球,接球后必须马上离开垒包,避免与跑垒员交叉相撞;在球比较偏的时候,使用高难度姿势接球可能会导致身体受伤或漏接,甚至有可能在接球时踏垒脚会离垒,所以随时要做好离垒接球后采用触杀动作的准备。

(4)偏高的球。若传来的球比较高,则一定要先弯曲身体等球,并及时判断是要以挺直身体伸长手接球,还是要跳起接球;若是跳起接球的话一定要看准落地点,落地时若未踩在垒包上就要作出第二反应,踩垒如果来不及,就要采用直接触杀。

(5)弹跳的球。三垒或者外野方向传向一垒的球有可能是反弹球,若传球是反弹球的时候,则必须判断球的反弹点,左脚伸向来球方向,身体拉伸,准备抢在球的反弹点接球;接球的瞬间手套应充分张开,不要抓球,而要在球进手套之后自然缓冲并将整个手套向后缓冲,右手护球。

2. 一垒的补防配合

一垒手除了守好自己的垒位外,还要守好自己的防守区域,接获击到自己防区的球,并与二垒手、投手相互协同防守一、二垒,向补垒的投手或二垒手传球,一垒手要边跑边抛球,在接到向一垒方向击出的地滚球后,一垒手自行踏一垒,或触杀击跑员,或将球抛给到一垒补垒的投手。

一垒手最常用的抛球技术要领,就是以投手的胸部为抛球目标,抛球是在跑动中用低手,以投手胸部为目标的轻投球形式;用手掌包握球,在抛球的瞬间手指打开伸直,手臂挥到自己的胸部为止;为了尽早地将球正确地抛出,持球时要让投手能看到球,向着投手边跑边抛出球。

3. 根据情况变化防守的位置

一垒手防守的位置应根据击球员及自己的跑动速度情况随时进行调整,在调整时还要考虑到得分差、跑垒员、击球员(右打还是左打)及投手等因素,其中最重要的决定因素还是一垒手的跑动速度:一垒手的速度快,防守位置可以靠后(深一些);速度慢,位置就要靠前(浅一些)。一般情况下,一垒手可以站在一垒的右后方离边线 2~3m、离二垒线 1~2m 的位置上,对有向右侧面猛打习惯的击球员,防守位置要更靠近边线,并适当更靠后些;对跑垒速度快或打击技术不好的击球员,防守位置要比一般情况更加靠前。

(二)二垒手的守备

二垒是跑垒员跑垒的关键垒,如能进占二垒,得分概率将大增,一个安打就有可能得分,所以一般把二垒称为得分垒。进占二垒被称为"上到了得点圈"。

1. 防守原则

二垒手的防守范围在一垒与二垒之间,处于全队防守的中心位置。二垒手在防守范围内攻守活动频繁,又是内外场的衔接点,所以其防守责任重大。担当二垒手的球员需要有冷静的头脑,也因较为接近一垒,送球时较无急迫性。

2. 防守任务

二垒手的主要防守任务,是负责接获击球员向一、二垒之间和二垒前后的各种击球,接杀击跑员或封杀一垒跑垒员;协助一垒手防守一垒,对一垒进行补位和补垒;与游击手协调配合共同防守二垒周围区域;与一、三垒手、投手及游击手相互配合进行夹杀;担负起内、外场之间的防守联系和中转站等责任。由于二垒手的防守范围广,他(她)既是二垒手,又是一、二垒之间的"游击手",所以跑垒员必须具备正确的判断能力,既要善于判断和分析战局,又要迅速果断地采取符合战术需要的行动,而且熟练地掌握各种传球、接球、触杀和封杀基本技术,尤其是触杀技术;同时还要善于和其他队员密切配合,互相换守补位,发动和参与双杀或夹杀。

3. 接地滚球

二垒手处理地滚球时应当注意一点,右侧来球要追,左侧来球要退。击球员击向二垒手的球,二垒手应迎前接球,接球后要快速传给一垒封杀击跑员。基本上朝右侧的球都需要追,以左脚向前的基本动作加上两手接球,追不到球的话还可使用反手接球,接到球后朝一垒踏步以小臂传球。

4. 守垒

当击球员击出游击方向的地滚球且一垒有跑垒员的时候,二垒手要迅速上二垒接游击手传球封杀或者触杀一垒跑垒员,并视具体情况争取双杀击跑员。在二垒区域进行防守动作时,应注意避让跑垒员,以免受伤。当击球员击出一垒方向的地滚球或击出一、二垒方向球时,一垒手上前接球时,二垒手应迅速沿弧线切入一垒补位,接一垒手传球后迅速踏垒,然后尽快离垒,避免与击跑员相撞。

5. 接正面方向的来球

接二垒方向的来球时,追球时应以正面朝来球方向。追球的重点在于要正面朝球而非侧面,以两拍完成动作,于左脚前接球,之后快速踏步投球,其中向外绕行后接球的动作非常重要。

接一、二垒间的来球时,若遇朝左侧的球,因接球位置离一垒近,送球时间较短,所以对于较远的球就要朝右翼方向后退接球,接球基本位置就是左脚前,若是来不及接球的话可采用反手接球。一、二垒间的来球因离一垒最近,即使后退接球,送球速度也比其他位置快。当球来到自己左侧就要马上后退追球,以右脚配合,于左脚前半身接球,然后踏步、瞄准、投球。不管用什么姿势,投球前一定要先看清楚传球方向。

(三)三垒手的守备

三垒是进攻方攻占本垒的必经之路,因此往往是攻防的热点,比赛中,接近的攻防动作往往出现在对三垒的争夺上,所以要求三垒手具备处理快速球的能力,同时也要熟练掌握触杀的技术动作。三垒因为垒位争夺非常激烈,所以三垒手在触杀跑垒员时要学会合理地保护自己。

1. 防守位置

由于强袭球容易朝三垒方向飞,所以三垒手需要有足够的敏捷性。球若突破三垒手后就会成为贴边线的长打球,所以三垒手责任重大。一般三垒手站位会距离三垒垒线近一些,距离内场稍微远一点,这都是为了更好处理边线的强袭球以及扩大防守范围。

2. 接正面的来球

球来后要马上反应,以正面面对球再以半身接球,接下来将右脚移至刚刚接球的位置上,马上踏步后将球传至相应垒位。三游之间高飞球的概率很高,所以防守尽量不要失误,应避免上半身先做动作而使得身体挺起,所以要先以正面或膝盖对准来球;下半身先做动作,左脚向前用半身的姿势接球,用正面接球的话不容易掌握距离感,所以最好改为半身接球。

3. 接三垒线的来球

过三垒线的球就算长球,绝对不能忽视。利用反向接球将手套向外伸,做好越线的准备。接球后一度跨出界外区,再踏步将球传回。手套由低向上接球,将力量施于踏出的右脚股关节上,一口气将球投出。在实际做动作时上半身会挺起,就在上半身角度不变的情况下将球投出。

4. 触杀

在球打到外场之后，三垒手应移动到垒包的外侧面向内场，指挥游击手进行接力，并准备接球触杀进入三垒的跑垒员。移动到垒包外侧的目的在于避免和进垒的跑垒员发生冲撞，身体应正面面向跑垒员可能跑来的方向，即二垒垒包，这样接球之后只要把手套往自己身体的正面拉过来，就能找到跑垒员（接到球之后将手套向垒包的前方放置，因为这是跑垒员必然要触踏的位置）。

（四）游击手的守备

游击手是守备的重心，所以要随时做好接球准备。游击位置通常也是内场球最多的位置，而且游击手防守范围大，是内野手中运动量最大的位置，所以游击手需保持可随时朝各方向行动的姿势。游击手通常位于二、三垒之间，但由于需要覆盖比较大的防守面积，因此要比二垒手站得更"深"一些。基本职责而言，游击手和二垒手一样，都是处于内外场交会区域的重要防守力量。

1. 接三游方向的来球

当球向游击手右侧飞时，也就是通常三游间的位置，首先三垒手和游击手都会同时启动追球。在确定进入游击手的防守范围后，游击手通常应绕行后于左脚前正面接球，再垫步传球，有时还需要以侧身传球的动作快速传向一垒；若球的速度比较快，就直线跑动接球后以无踏步姿势送球，再来不及的话还可用反手接球；如果接球位置距离一垒比较远，或者接球时身体相对失去平衡，则应以一弹球传向一垒，这样保证一垒手容易控制这个传球。

打到三游之间较远的球，若无法绕行追上，可以直线追球，接到球后不要马上投出，先将右脚跨出，重心移至后脚，再用力将球投出。

必须注意的是，内野手特别是三垒手和游击手，传一弹球是重要的基本功。传一弹球并不是仅仅因为三垒手或者游击手的臂力不足，通常是为了保证传球的效果而采取的手段。相对而言，在身体失去平衡的情况下，勉强传直线更容易造成暴传，因此在训练中必须重视练习传接一弹球。

2. 接二游间的来球

当球击到游击手的左边，也就是二游间的方向时，游击手要将身体放松等球过来，在打者击球瞬间小跳跃热身并调整到容易移动的姿势。上半身高度不动之下踏出第一步。在左脚前接球后，将球引向胸前，再踏步后送球。

当来球较慢且接近二垒时，可快速追球至二垒旁，并于左脚前接球，然后快速踏步、瞄准送球。如果此时一垒有跑垒员的话，就会是双杀的最好机会。

需要注意的是，不管守备在哪个位置，都要先以放松姿势等球，尽量保持上身高度不变，用左脚前接球，然后快速踏步、确实瞄准后传球。

(五)外野手的守备

外野手是外场防守的负责人,也是球队最后的防守屏障,因此外野手在接好防守范围内的高飞球的前提下,也应该处理好打到自己范围内的地滚球,并且为其他队员补位。球穿过内场之后,只要外野手补位及时,通常只能跑一个垒,但如果外野手漏接飞球或者漏过地滚球,很可能让对方快速进占二垒或三垒,甚至失分。同时,在垒上有人的时候,外野手接到球后,还需要以快速准确的传球,将球传到内场,由内野手进行进一步的防守动作,因此外野手更要注重训练自己的接球技术和传球技术。

1. 无跑垒员的情况下接地滚球

在无跑垒员的情况下接地滚球,必须仔细确认最后的弹跳。因为飞到外野的地滚球基本上无法让击跑员出局,所以一般不需要急着送球,可以安稳接球。例外的情况是,如果击球员打出快速的右外野地滚球,有时右外野手有机会传一垒以封杀击球员。

在无跑垒员的情况下将球以正面快速接住是很重要的,但是如果没有事先的准备可能也来不及对应,且球还有弹跳的可能。接球时先放松望向远方,等球过来,观察球的弹跳状况后接球;若草地上有凹陷,球不规则弹跳时,先判断在凹陷前或后接球,确实掌握与球间的距离,在放松状态下屈膝接球,以接球姿势等球最后弹跳之后上前接球,即使将身体当成墙,也要让球在身体前停下。

2. 有跑垒员的情况下接地滚球

在有跑垒员的情况下,接球之后的衔接动作变得很重要,因此不能采取屈膝接球的方法,因为会延长处理球的时间。与无跑垒员最大的不同是,接球要积极并存有攻击意识,力图让跑垒员少进垒,甚至将跑垒员传杀在垒上。

球被击出来以后,外野手必须马上判断自己与球的距离,然后调整位置尽快接球,正对来球不易掌握彼此间的距离,所以最好从侧面看球以便于判断;当球接近后,由正面对球改为身体外侧面对来球,从侧面看球并接球;接球时用反手,在左脚外侧接,以避免踩球;接到球后迅速将球置于胸前然后交叉踏步,稍微跳跃由高处向下投球;球必须由低点出手,否则会造成防守队员接球上的困难。

面对缓慢的地滚球时,外野手应先正面跑向球,当与球接近后由正面对球改为身体外侧面对来球时,从侧面看球并接球。传球必须压平弧线,宁可传出快速平直的弹跳球,否则会造成防守队员接球上的困难。

3. 无跑垒员情况下接飞球

处理飞球是外野手的基本功,当垒上无人时无须正对来球,可以在保证接球效果的前提下侧身接球。首先一定要准确预测出飞球的落点,这需要有丰富的经验;在无跑垒员的情况下,接球时要稳健,不要太慌张。接球后,为了怕球掉出,不要马上移动,也不要急于将手套放下;反手接球时,为了防止球掉落,右手须在旁辅助。

飞球被击出后，外野手要始终盯着球，先观察顶点位置并预测落点，然后移动到相应位置准备接球；接球时不以正面对球，要以半身接球，因为若预测有误的话，正对着球是无法马上修正落点和快速移动，而在半侧身的动作下，一旦有状况就能马上作出第二反应。

4. 有跑垒员情况下接飞球

有跑垒员的情况下，接飞球需要由落点后方开始助跑接球，因为垒上有跑垒员时出现飞球，会有外野手接到飞球后跑垒员起跑的情况，所以外野手接球后必须将球快速传向三垒或本垒，如果距离较远则应将球传给中间接力的队员，以提高传球的速度和准确性。

想在本垒触杀跑垒员的话，外野手需投出强力快速球给接手，所以首先外野手无须进落点处，而是在落点二、三步的后方位置等待球，看准时机跑步上前接球，然后马上交叉踏步送球；一定不要投出上漂或者高球，这样会造成接手接球困难，最好投出平直球，不但可减少弹跳，还可以降低接球难度。如果本身接球便比较困难，可优先接杀击球员，不能急于传杀跑垒员，而造成接球不稳甚至接到球又掉出手套的重大失误。慢投垒球比赛与快速棒垒球一样，仍以优先拿出局数为主。此外，还需要注意的是，由于慢投垒球中规定击球员在两击之后击出界外球就是出局，所以对于两击后垒上有人时的界外飞球，可以有选择地放弃接球或者接球后注意垒上提前离垒的跑垒员。

（六）接手的守备

在慢投垒球比赛中，接手的任务相对较轻，但是也不能忽视。

首先，接手要配合投手完成防守任务。比赛中接手要配合投手观察击球员的特点，通过自身站位的调整以及通过手套的位置，给投手以投球的目标。

其次，接手要在球被击出后，向前移动以准备接防守队员的传球。由于慢投垒球比赛本垒采用的是封杀规则，因此接手只需要踩白色本垒板接球，类似于一垒手的防守动作。但由于接手只要出现失误，就是一分和一人出局的差别，因此接手接球能力的好坏，直接影响防守队员是否选择传杀本垒的信心，这也是区分球队水平的一个重要特征。

再者，接手在击球员击出本垒特别是本垒后方的飞球时，应当迅速反应尽量接住球，以免造成击球员被直接接杀出局。

最后，接手应当具有良好的观察能力，在本队出现危机时，及时与投手进行沟通，并且在球击出之后进行指挥，决定传球的方向，并提醒防守队员的跑位和补位。

（七）自由人的防守

慢投垒球与快速棒垒球比赛相比，防守队员多了一人，这个队员可以放在场上的任何位置，因此他（她）被称为"自由人"。一般自由人主要有两种站位。

第一种是站在外场，形成四人外野，在对方击球员长打能力强时，可以有效地覆盖外场的范围，提高外场的防守强度。

第二种是站在内场，一般在二垒垒包附近，这样对于投手正向打到垒包附近的球，比较方便处理，经常可以把中间方向的穿越安打变成地滚球出局；同时由于二垒垒包有自由人进行防守和补位,二垒手和游击手也可以站得更远一点,这样也使得内野防守更加稳定。

需要注意的是,在增加自由人的情况下,防守队员一定要确认彼此的防守位置,避免互相抢球、互相让球甚至互相冲撞的情况出现。

(八)投手的守备

在完成投球任务之外,投手还需承担一定的内场防守职责。在慢投垒球比赛中,一垒与三垒站位相对较远,接手站在本垒位置,因此投手与击球员之间的距离最为接近。在这种情况下,投手方向而来的球多以速度快、猛烈的强袭球、投手前方的地滚球以及内场飞球等为主。大部分此类球路都需要投手进行处理。因此,在日常训练中,我们应着重提升投手的防守能力,并确认投手、接手与一垒、三垒之间的距离,以便稳定地处理速度较慢的球。

在慢投垒球中,投手被视为"第五个内野手"。当球不在自己防守区域时,投手应根据不同内场位置进行相应的补位。由于投手位置位于内场中央地带,对于内场各垒位防守队员离开防守位置的情况,投手必须迅速进行补位,执行封杀、触杀以及参与夹杀等防守动作。

1. 来球处理

在慢投垒球比赛中,由于投手位置最接近于击球员,因此投手在投球出手后应快速做好防守准备,击球员击出球后,预判来球方向,提前移动到合适的防守位置。

若场上无跑垒员时,在击球员击出投手防守区域的地滚球或强袭球时,因与一垒距离短,截获来球后应首先保证传球精度,再追求传球速度;在一垒沿线接球后,若离击跑员较近,可采取直接触杀。若场上有跑垒员接球后可视情况而定,优先击杀出局数或前位跑垒员。例如:一、二垒有跑垒员时,三垒一出局情况下接到来球有充分时间下,快速传至二垒造成双杀。击球员若击出内场飞球,在投手防守区域内时,垒上无人时,投手应采取接飞球的方式稳稳将球接杀。若场上有被迫跑垒员时,发现跑垒员没有离垒意图,也可采取故意漏接造成双杀局面。

2. 补位

由于投手位置位于内野中间区域,对于各个垒位防守跑动距离较近,因此可以及时机动补位。投手补位主要有以下几种:

(1)一垒补位。当一垒有跑垒员,击出一垒防守区域方向来球时,一垒离开垒位主动接球,无法及时回垒防守,投手应迅速上一垒准备接球完成一垒封杀。

(2)本垒补位,当两人出局前,三垒有跑垒员时,接手离开垒位接球,无法及时回垒防守时,投手应迅速上本垒防止三垒跑垒员发现本垒空垒而进攻本垒得分。

(3)补位夹杀,夹杀局面主要出现于跑垒员处于非被迫进垒情况下,跑垒员离开垒位进攻下一个垒位,一般有一二垒夹杀、二三垒夹杀、三垒本垒夹杀,投手在夹杀局面中都需要进行补位夹杀。

(九)基本站位与补位

每个防守位置并不是固定不变的,每个位置的选手都有一个常规站位,但是在不同的局面下,站位也会有所改变。通常来说,当击球员力量比较强时,需要适当的靠后站位,如果击球员力量相对较弱,则站位应当适当向前;同时在移动时,应当尽量避免两名防守队员的前后或者左右站位重叠,这样不但互相影响防守范围,也会影响对球的判断。

补位的原则是在球飞行的路线或者延长线上,都要有防守队员。此外,防守的补位必须考量球队的战术要求,根据不同局势,补位也会出现不同的变化。

需要强调的是,补位的目标是垒位而不是垒包,即要移动到垒包附近,而不是踩在垒包上。因为踩在垒包上既限制了自己的移动,也容易在没有球的时候,使自己阻挡跑垒员的跑垒。

以下就列举比赛中经常出现的几个典型局面,进行协同配合的诠释。

1. 内野地滚球补位

当击球员击出内野地滚球时,相应位置的内野手上前接球,其他三名内野手进各自垒包,或进行相应的补位,外野手在击球和传球路线的延长线上进行相应的补位。

2. 右外野长打

当击球员击出右外野长打时,中、右外野手上前接球,二垒手跟进接力,游击手补进二垒,一、三垒分别由一垒手和三垒手进垒,左外野和投手视情况进入内场或三垒、本垒的后方,防止野传球的出现。

3. 三垒地滚球的补位

当一垒有人时,击球员打出三垒地滚球,经常会出现双杀的局面。此时游击手应向三垒手身后补位,并在确认三垒手接球之后进占三垒,二垒手进入二垒准备接三垒手的传球,一垒手回一垒准备接球。左外野手进入三垒后方,预防三垒手和游击手漏接,中、右外野手则进入到三垒向二垒传球路线的延长线上进行补漏,有时如果右外野站位不对,也可以补进二垒向一垒传球的方向上,预防漏接。

第五节 投球技术

一、投球基本技术

投球在慢投垒球比赛中是极其关键的环节,在慢投垒球比赛中,每一个局面都由投球开始,精英投手通过投球在一定程度上能够压制击球员,甚至将击球员投杀出局;投手投球也是全队战术的重要组成部分。慢投垒球采用低手投球方式,后摆投球动作是慢投垒球的一个基本特征。

1. 投球踏板位置和准备动作

投手双脚着地，使用单足或双足与投手板接触，投手双手持球于胸腹前，身体自然放松，投球准备姿势没有严格的限制，可因个人的习惯或喜好而发生改变。

2. 投球动作

当投手站立在投手板将球合于手套完全静止后，直到球自手中投出之前，必须确保轴足与投手板的接触。是否要跨一步投球，没有硬性规定，但是如果要跨步时，可以向前跨一步、向后跨一步或向侧方跨一步。

投手做出任何挥臂动作时，即为投球开始。投手挥臂投球，要符合以下要求：

(1) 即将投出球时，不要再做任何不当动作。

(2) 挥臂动作是连贯的。

(3) 挥臂向前时绝不可停顿或逆转。

3. 合法投球

合法投球是由下向上的投球，投向好球区，且合乎以下规定：

球速必须和缓，由裁判员认定。当球速太快时，裁判员要警告投手。投手如经警告后再同样犯规，即判处该投手该场球赛禁止再当投手。

投出球的抛物曲线弧度，其顶点离地面应至少 1.82m，至多不超过 3.65m。

当接到球之后，或在死球局面，由裁判宣告比赛开始时，投手站在投手板上，持球合于手套，投手于 10s 内要将球投出。投手于 10s 内未将球投出，坏球数加一球。

比赛进行中，禁止任何外加物附着于球或投手的手上。投手或其他防守球员在比赛球上添加外物，经规劝不听者，判驱逐出场。投手在投球时，允许在手套内加戴保护性质的深色打击手套。

不允许在击球员未准备好时，或因前一挥棒而失去平衡时的突袭投球。

下列情形，宣告投球无效：

(1) 比赛暂停中，投手已投出球时。

(2) 因投出球未被击出，或未到本垒板之前，跑垒员有提早离垒而出局的行为，该投出球要宣告投球无效。

(3) 当宣告界外球以后，跑垒员尚未回到原来占有垒包时，投手已投出球，要立即宣告"投球无效"，暂停比赛。

(4) 在挥臂动作，或向身体后方的挥动中，球自手中滑落，比赛暂停，其后的连续动作均无意义。

(5) 比赛仍在进行时，进攻队球员、经理或教练不可以任意叫"暂停"，或是运用言语，甚至某些侵犯动作，其明显的目的是企图干扰投手，造成违规投球。

每半局开始，或每次更换投手时，比赛最长可暂停一分钟，让投手向接手或其他某一位队友热身练投最多三球。每多练一球，将被多判一个坏球。同一局，再次担任投手，不得热身投球。

第四章
慢投垒球战术

慢投垒球战术是在遵循竞赛规则的前提下,为确保在慢投垒球比赛中击败对手并赢得比赛,充分展现个人与集体优势,根据主客观实际条件所采取的策略与技巧。比赛中,任何一个战术决策都对比赛结果产生至关重要的影响。

第一节 击球战术

1. 垒上无人击球战术

在无人防守垒的情况下,击球员可以根据自身的打击能力和现场局势进行策略选择,判断是否为好球才挥棒击球,同时也可以选择通过四坏球上垒,以提高上垒成功率。若击球员具备较强的击球能力,应力求击出长打球;对于善跑、动作敏捷的击球员,则可通过各种击打技巧争取上垒,寻求突破机会。

垒上无人时的战术可考虑以下原则:

(1)无人出局两坏球时,击球员可选择一球,三坏球时可选择一球,三球一击,选择一球如是四坏球可安全上垒。

(2)当攻方一人出局时,两球无击,击球员击球能力较强的,可选择打好球,弱棒选择一球。三球无击时击球员选择一球。三球一击时强打者遇好球可打,弱棒可选择一球,如是四坏球可安全上垒。

(3)当攻方二人出局、两球无击时,击球能力较强的击球员,遇好球可打,弱棒选择一球。三球无击时可选择一球。三球一击时击球能力较强的击球员遇好球可打,弱棒选择一球。

(4)因为投手害怕攻方打出高质量的进攻,创造连续得分机会,会应用"四坏球保送"战术,把击球能力较强的击球员保送上垒,所以有击球能力的队员要有选择"四坏球"的意识,并非一定要通过安打上垒。击球员应当学会各种方法让投手多投球来选择打好球,才有机会击出安打,或者等待投手投出"四坏球",这样有利于为攻方创造更多进攻机会,同时消耗投手的体力与精力。

2. 推打战术

慢投垒球的击球并不困难,随着比赛水准的提高,攻防水平都会提高,击球员仅仅击中球是不够的,而要根据局面进行挥击。推打是右打者有意往场地右半场击球,左打者有意往场地左半场击球的打法。当二垒有人时,右打者采取推打技术将球打到右侧,只要落地就可以得分。推打是非常有效的得分手段。

3. 牺牲高飞球战术

牺牲高飞球战术是一种在出局人数不超过 1 人时,击球员通过击出高飞球(飞往外场深处),为本方跑垒员掩护得分或进垒的击球策略。由于击球员在此战术中极易被接杀,因此取名"牺牲高飞球战术"。高飞球在空中具有较长的飞行时间,外野手接杀后需通过连续的传接球才能将球传回本垒,这为二垒和三垒跑垒员提供了较大的进垒或返回本垒得分的机会。然而,由于二垒垒位距离外场较近,一垒跑垒员在此战术中较难登上二垒。

第二节 棒次排列

排棒是进攻战术的重要环节,教练员通常会在比赛前,递交一份既定击球员的上场次序表。不同的排棒次序有着不同的战术安排,可以为整个进攻战术奠定基调。

1. 集中排棒

集中排棒要求将击球能力较强的进攻队员连续地安排在一起。有安打能力、跑垒能力突出、战术意识清晰的球员一般多排在较前的位置(一、二棒),这有利于球队快速推进,或者抢本垒得分。而长打能力更强的击球员一般放在中间位置(三、四、五棒),以创造更多的得分机会,同时也可以帮助前位跑垒员顺利进垒或抢本垒得分。而进攻能力较弱的击球员一般安排在靠后的位置。

2. 综合排棒

综合排棒更注重结合队员的击球特点进行排棒,擅长长打者与技巧型打者相互搭配,左打者与右打者相互搭配,让投手及其他防守队员难以适应。

3. 分段排棒

该战术将第一棒到第十棒击球员分成基本打击能力相当的两段,即第一棒到第五棒为第一阶段,第六棒到第十棒为第二阶段。这两个阶段可以分别安排特点相似、水平相当的球员,以保证较为均衡的进攻。

无论哪一种安排,都需要根据实际情况,即本队的打击水平,针对防守方在不同情况下,为保证本队进攻实力最强、手段最丰富多变、效率最高而进行选择。

第三节 跑垒战术

在慢投垒球比赛中,跑垒最终目的是得分,跑垒战术安排也是根据比赛情况为获得更多分数的跑垒策略,应根据场上比分、出局数和队员技术能力等方面进行综合考量。

1. 击球后跑垒战术

在比赛中,进攻方的队员在击球时被称为击球员,完成击球动作后,他会跑向一垒,此时身份转变为击跑员。只有当击跑员安全上一垒了,方能被称为跑垒员。

击球员在击球时,首要任务是观察场上局势,制定打击及跑垒战术。击球后,应迅速启动跑垒,密切关注一垒跑垒指导员的手势或指令,全力冲刺一垒,力求在防守队将球传至一垒前触及垒包。若一垒跑垒指导员发出继续跑垒的手势或指令,击跑员应遵循指引,力求安全抵达二垒。

在跑垒过程中,击跑员不应担忧无法踏上垒包而调整步点,以免影响速度。当场上处于活球局面时,击跑员应在安全上一垒后,保持警惕,积极准备进攻下一个垒位,或采取措施简单地吸引对方防守队员的注意力。

一垒跑垒的基本原则是击球后往一垒全力冲刺,慢投垒球比赛的垒间距较短,因此安全上垒的概率很高。不要放弃任何机会,全力向前冲刺。

2. 飞球跑垒战术

根据规则,对于飞球,跑垒员应在场上防守队员接到球后或球落地后进垒才有效。因此,一旦击球员击出飞球时,跑垒员需有效地判断比赛局面,根据自己的位置和球的落点位置,准确地判断跑垒时机进行跑垒。

(1)当场上局面两人出局之前,击球员击出的飞球落点离目标垒位较远时,跑垒员有充分的时间安全上垒,此时,该跑垒员应先站在垒位上时刻准备跑垒,一旦球与外野手接触,或出现漏接,跑垒员应立刻启动冲击下一个目标垒位。

(2)当场上局面两人出局之前,击球员击出的飞球落点离跑垒员目标垒位较近时,跑垒员应当先根据落点的远近适当地离开所占垒位。如果外野手接住飞球,跑垒员应立刻回到原先所占垒位上。如果发现外野手出现失误,果断选择冲向下一垒位。

(3)当击球员击出内场飞球时,击球员这时首先需要相应地离开垒位,对于内场飞球场上为被迫进垒时,由于内场相互传接距离近,为防止对方故意漏接造成双杀局面,此时,跑垒员应离开垒位且保持安全回垒距离(如同棒球盗垒一般)注意观察内野防守队员,若对方内野防守队员接住飞球,跑垒员应立刻回到原先所占垒位上。如果发现对方内野防守队员故意出现漏接或失误,果断选择冲向下一垒位。

(4)如果已经两人出局,跑垒员无论球的落点远近,都应全速跑垒。

第四节 防守战术

1. 投手投球战术

慢投垒球比赛中,投手投球是每局比赛的开始,投手投球战术安排在很大程度上能够减少防守队员压力。针对不一样的击球员采用不一样的投球战术也可以大大降低击球员的打击水平。一名优秀的投手在比赛中对击球员的特点必须加以关注,并且在后续的比赛中妥善地利用其特点。每个击球员都有自己的特点,越是优秀的击球员,特点就越明显,因此在比赛中,投手需要掌握击球员的特点,进而调整投球策略。从击球员的站立姿势和击球动作中,就可以发现令其击球困难的线路。针对击球员的不同特点,找出攻击他(她)的有效方法。

(1) 开立站法的击球员。采用开立站法的击球员,多擅长打内角球。可以用容易脱离视线的外角球为中心对其进行攻击,或者投内角的坏球,迫使其打出界外球。

(2) 封闭站法的击球员。采用封闭站法的击球员,一般擅长打外角球,因此,可以用使其腰部转动困难的内角球为中心进行攻击,或者用外角的坏球引诱出棒。

(3) 跨步大的击球员。跨步大,身体重心低,对靠前点球的打击能力就会比较强,所以要以后点高球为中心对其进行攻击。

(4) 向上挥棒的击球员。这类击球员击出球的轨迹比较高,可以投靠近前点的球引诱出棒,或者投高球使其击出高弧度飞球而被接杀。

(5) 不断摇动球棒的击球员。这类击球员,通常手腕力量强,挥棒动作小,棒速快。可通过改变投球的节奏,改变动作速率,投高球让击球员准备时间加长,破坏击球员的时机判断。

(6) 看上去缺乏自信的击球员。这类击球员通常打击欲望不强,比较缺乏经验,可以投靠近前点的球,诱使其打出内场地滚球。

(7) 在比赛中一垒或二垒有人的情况下,或二、三垒非被迫情况下,比分局势严峻下对于强棒者,可考虑直接四坏球保送其上垒。

对于不一样的打击选手以及不一样的比赛局势,可采取不同的投球战术安排,最终目的是防止对手得分。

2. 一三垒有人防守战术

一三垒有人分以下几种情况:

(1) 无人出局且比分领先较多,我们应优先拿下出局数。由于击球员和一垒跑垒员为被迫进垒,而三垒跑垒员为非被迫进垒,所以在接球后应先杀被迫进垒的跑垒员。若球打向三垒和游击方向,可以先用眼神迫使三垒跑垒员不敢攻向本垒后再封杀一垒跑垒员和击跑员。

(2) 一人出局时,若击球员击出二三垒或靠近二垒方向球时,由于击球员和一垒跑垒员为被迫进垒,所以积极争取双杀局面结束比赛。

(3) 二人出局时,我们可在一二垒就近位置选择封杀一位跑垒员。

注意:在慢投垒球中为了防止冲撞,本垒设有封杀线。接手在本垒板接球后,若跑垒跑过封杀线但未跑回本垒时,该跑垒员出局。

3. 一垒有人双杀战术

一垒有人的情况下,一垒跑垒员或击球员均为被迫进垒,我们只需踩垒封杀即可。在双杀的战术中应注意以下几点:

(1)若击球员击打出向游击或三垒方向地滚球时,游击手或三垒手接球后可传二垒手,二垒手及时上前踩二垒要球封杀一垒跑垒员,并快速将球传至一垒封杀击跑员;若游击手接球后比较靠近二垒也可直接踩二垒传球至一垒造成双杀。若球打向一垒和二垒方向,游击手及时上前踩二垒并要球。

(2)在二垒位置接球后应离开垒包向一垒传球,以免发生冲撞和传球时被跑垒员阻挡视线等问题。

4. 二垒有人战术

二垒有人的情况下,二垒为非被迫进垒时。这时我们应采用"杀一看三"的方法,即接球后先传一垒进行封杀,然后由一垒传向三垒进行触杀。要求有以下几点:

(1)若球打向游击方向,游击手可视情况而定,若二垒跑垒员已积极跑出,可先进行触杀再传回一垒;若二垒跑垒员还未积极跑动,游击手可先进行眼神逼迫使其不敢冒进再传一垒。

(2)传一垒后若二垒跑垒员已经跑出,三垒手及时喊出传三垒,给一垒手一个信号。

(3)在接到三垒手的信号时,投手应蹲下或移开,为一垒传三垒让出传球通道。

(4)一垒手传三垒时应传向三垒靠近二垒的方向,可传低一点,以方便三垒手触杀。因为非被迫进垒,所以三垒手不需要踩垒,目标只有接球后触杀。

5. 满垒战术

在满垒情况下,为了不让对手得分,我们应缩小自己的传球距离,以便更快地封杀对手。有以下几种情况:

(1)无人出局时,在接球后若离本垒较近、比分落后或逼近时,内野手可趋前防守,有机会封杀三垒跑垒员时,可直接传本垒进行封杀,此时接手应在球被打出后快速上前在白色本垒板处要球,进行本垒封杀。若击球员击打出的球离本垒较远或比分领先较多时,我们优先要出局数。可以进行双杀的局面要积极制造双杀。

(2)在一人出局时,我们优先要出局数,可视被击出球的情况进行多种双杀,如一二垒双杀、二三垒双杀等。但要注意先传近的垒位。

6. 飞球防守战术

飞球防守十分重要。当击球员击出外场飞球时,外野手能否接住飞球至关重要,外场一个飞球的漏接,可能让对方直接上垒或得分,接住飞球后若场上有人时应快速往内场传,以二垒和游击方向为主(视不同情况而定)。

(1)若飞球飞向左外野时,中外野手应绕到左外野手后方进行补防。同理,打向中外野时,左右外野手进行补防。打向自由人时,由最近的外野手进行补防。

(2)若飞球打得很深很远的情况下,应有 1~2 人进行传球的接力,并及时传回内场。

(3)若飞球离内场很近,内野手可及时喊出声音,并跑到位再进行接球。若场上有跑垒员处于被迫进垒,非两人出局时,接球内野手观察跑垒员没有跑垒意图时,在判断有充分时间造成双杀,可故意漏接迫使跑垒员没来得及跑垒造成双杀。

飞球时,若跑垒员已经离开垒位,应该将飞球安全接住,并直接传回跑垒员原本站住的垒位将其击杀出局。

注意:接飞球时防守队员极有可能发生抢球冲撞的情况。在判断能接到球时,接球手应大声喊出"我来""我的"等口号告知其他试图接球的防守队员,避免碰撞情况的发生。

第五章
慢投垒球教学大纲与教学计划

第一节　教学目标及要求

慢投垒球衍生于棒球,现已发展为一个兼具团队性、适应性、安全性、娱乐性和挑战性的集体运动。该运动项目在学生身心发展中具有不可替代的作用,其特点在于降低了击球难度,简化了规则,使得运动更易学且有益于身心健康。它的灵活性使得男女老少均能在同一场地竞技。随着我国体育教育改革的不断深化,以及素质教育的全面推进,慢投垒球作为一项集体性体育课程,已在全国各大高校广泛开展。这对于促进学生德智体美劳全面发展具有深远的教育意义。根据学生对课程的反馈以及教师在教学过程中遇到的问题,制订适合学生发展的慢投垒球教学大纲和教学计划,旨在更好地满足学生的发展需求。

一、教学目标

(1) 学习和了解慢投垒球的发展及基本规则,以及慢投垒球礼仪与精神,基本掌握慢投垒球规则。

(2) 通过讲解、示范、练习、比赛等基本方法,使学生基本掌握传接球、击球、跑垒等基本攻防转换技战术。

(3) 培养学生团结协作、克服困难、乐于学习、善于思考的能力,让学生从课程的学习者转变为课程的组织者。

二、课程目标

(一) 基本目标

运动参与目标:学生积极参与慢投垒球活动,将其视为日常锻炼的重要项目之一,致力于培养终身参与体育运动的理念,并不断提升自身鉴赏慢投垒球比赛的能力。

运动技能目标:通过学习并熟练掌握慢投垒球的基本技术,安全参与慢投垒球运动,进而提升自身身体素质和体能水平。

身体健康目标:了解慢投垒球运动基本原理,在发展慢投垒球各项基本技术的同时形成正确的身体姿势,基本掌握运动中的损伤预防与处理方法。

心理健康目标:了解体育运动对心理发展的影响,学会通过慢投垒球运动控制自己的情绪,促进学生形成正确的世界观、价值观、人生观。

社会适应目标:在慢投垒球运动中表现出良好的道德品质和协作能力,建立和谐的师生、生生关系且提高学生抵抗挫折的能力。

(二)发展目标

运动参与目标:学生积极主动地参与慢投垒球运动,使学生将慢投垒球作为平时运动的主要运动项目,培育终身体育意识。

运动技能目标:努力提高慢垒球运动技术水平,发展自己的运动能力,具备能够参加校级以上的比赛能力,安全地进行慢投垒球运动。

身体健康目标:能选择良好的运动环境,全面发展体能,提高自身科学锻炼的能力,练就强健的体魄,了解慢投垒球比赛中运动损伤产生的原因、预防、处理等基本知识。

心理健康目标:在慢投垒球运动中培养学生积极的自我价值感,进一步提高控制情绪的能力,形成正确的世界观、价值观、人生观。

社会适应目标:努力成为学校慢投垒球运动的组织者和倡导者,提高学生的组织沟通能力。

三、教学要求

(一)基础班

培养学生对慢投垒球运动的兴趣,理解并掌握慢投垒球规则与礼仪。
在练习过程中,全面增强体质,重点提高力量和身体的协调性与奔跑能力。
了解慢投垒球的技战术,掌握慢投垒球运动的基本技术和相关理论知识。
积极主动地参与慢投垒球活动,有计划地将该项活动作为参加体育锻炼的主要内容之一。
培养学生分析问题和解决问题的能力,培养积极向上的意志品质和团队精神。
学会慢投垒球比赛的基本知识与技术。

(二)发展班

培养学生对慢投垒球运动的浓厚兴趣,并将慢投垒球运动作为终身体育锻炼的主要手段,理解并熟练掌握慢投垒球的规则。

加强身体素质的锻炼,增强参与意识,技术、战术方面具有较高水平,具有观赏高水平慢投垒球比赛的能力。

使学生熟练掌握慢投垒球运动的基本知识、技术、战术,并能熟练运用。
提升学生的体育素养,培养学生勇于拼搏、团结合作的集体主义精神。
通过学习慢投垒球规则与裁判法,可以在教学比赛中承担裁判工作。

第二节　慢投垒球教学基本原则

慢投垒球教学原则,是基于体育教学的基本规律和教学原则,同时结合慢投垒球课程的独特性而制定。这些原则是在长期的教学实践中总结出来的,为慢投垒球的理论知识和技能教学提供了基本的行为准则。具体来说,慢投垒球的理论与技能教学应严格遵守安全性原则、合理性原则、主动性原则、趣味性原则以及过程性原则,以确保教学的科学性和有效性。

1. 安全性原则

慢投垒球运动看似是一项休闲性运动,其竞争的激烈性不容小觑,对于学生的体能和技能要求颇高。在慢投垒球的训练与比赛中,学生可能会遭遇多种运动损伤,包括挫伤、重击、球击、撞击、闭合性软组织损伤以及肩肘关节损伤等。这些损伤不仅可能发生在运动员身上,还可能波及场外观赛人员和裁判员等。为了降低这些风险,我国 U 系列比赛要求进攻队员必须佩戴头盔、护肘与护膝等相关护具。因此,在教学过程中,教师应评估每节课程练习过程中可能出现的危险情况,并始终强调安全问题,确保学生的安全和健康。

2. 合理性原则

在慢投垒球的教学训练过程中,学生若过度依赖惯用手进行投球与挥棒练习,可能导致部分参与者因上下肢协调能力不足或其他因素,使得左右手臂力量发展不均衡。针对此情况,教师应着重关注练习的科学性与合理性,确保训练质量而非单纯增加训练负荷。同时,课后充分地休息和放松对于学生的恢复与提高至关重要。因此,教师应引导学生合理分配训练负荷,确保训练的科学性与系统性,以促进学生的全面发展。

3. 主动性原则

在慢投垒球的教学环节中,积极发挥与持续提升学生的自主性是至关重要的。教师需引导学生在体能承受范围内展现积极的自我激励态度。主动性,即个体在参与某项活动时,由内在产生并推动其行动的力量强度。为确保教学活动的顺利进行,师生间应构建稳固而高效的沟通桥梁,实现教学相长,共同深入研究慢投垒球的技术与战术精髓。

4. 趣味性原则

在慢投垒球教学的中后期阶段,对于特定技术动作的练习进入关键时期,部分学生可能会表现出对学习的抵触情绪,即所谓的"厌学"现象。为了有效预防和应对这种情况,教师在教学过程中应致力于实现"寓教于乐"的教学目的。这意味着在进行教学设计时,教师不仅要精心组织教材内容、灵活运用各种教学方法,更要注重如何激发学生的学习兴趣和动力。需要强调的是,在追求趣味性的同时,教师必须确保教学内容的科学性和合理性,严格遵循教学的基本原则以及学生身心发展的自然规律。通过这种方式,教师不仅能够帮助学生克服厌学情绪,还能在提升教学效果的同时,促进学生的全面发展。

5. 过程性原则

学生的学习和教师的教学过程,是一个连贯且全面的体系。在慢投垒球的教学环节中,所涉及的技术动作、战术布置、规则解读以及裁判方法等,都是为了使学生能够全面熟悉并掌握慢投垒球运动的精髓,从而能顺利参与教学比赛,并完成相应的课程目标。因此,在课程的结构安排以及技术动作的教学实施过程中,不应仅仅停留在简单的讲解与示范练习的层面,而应深入引导学生理解并掌握动作练习的基本原理,以及这些动作在实战中的运用价值。教师通过这样的教学方式,不仅能有效提升学生的练习效果,更能培养学生的综合运动素养和实战能力。

第三节 慢投垒球教学基本方法

慢投垒球项目技术动作特点区别于其他传统体育项目,慢投垒球理论知识和动作技能的教学方法是指为了能够高效地完成该课程教学目标与课程目标所采取的各种手段和途径的总和,包括讲解示范法、合作学习法、游戏法与竞赛法、领会教学法、探究式学习法、发现式学习法、预防错误动作与帮助法、翻转课堂教学法、视频反馈教学法等。

一、讲解示范法

1. 讲解法

讲解法是教师通过简单明确、生动的语言向学生系统地讲授慢投垒球的竞赛规则、基本技战术、英文专业术语以及常见的运动损伤预防处理的方法。

基本要求:①讲解应精炼、准确;②内容讲解应生动形象;③根据课程内容,讲解应由浅到深、由低到高、循序渐进;④应多设问质疑,启发学生思维。

2. 示范法

示范法是为了使学生能够建立正确的动作表象,正确地理解例如挥棒、投球等发力顺序、身体形态,掌握技术要领等所采用的一种教学直观手段。

基本要求:①采用正面、侧面、镜面等多种方法结合;②示范和讲解相结合的教学效果更佳;③注意学生队列队形的站位;④在难点技术教学时,注意动作技能示范的速度、角度以及精准度。

二、合作学习法

为了增强学生的参与热情,在慢投垒球分组实践教学中,需要形成互助互励的学习环境。这种环境不仅促进了学生的社会化进程,更提升了他们的个人责任感与集体荣誉感。作为垒球教学的一种重要手段,合作学习法要求学生在小组内协调配合,共同完成教师布置的各项防守任务或训练目标,确保每位成员都能明确自己的职责,并在相互帮助中实现共同进步。

基本要求:①各小组制定合适的共同目标;②以一支完整的慢投垒球队为单位,按组内异同、组间相同分组;③制定可量化各小组学习成果的数据,以分值进行相互比拼;④给各组留出适当的时间进行相互评价。

三、游戏法与竞赛法

1. 游戏法

慢投垒球课程游戏法一般是在每堂课程的开始或结束时,以一种游戏的形式进行热身活动或者放松活动的教学方法,有利于学生主动性和创造性的发展,同样有利于提高学生的注意力,进而提高教学质量。

基本要求:①游戏应具有一定的运动量且符合热身活动的要求;②教师应注意随时观察场上情况,避免学生情绪过高或过低;③游戏的设置应尽量与垒球相关。

2. 比赛法

慢投垒球比赛法一般运用在课程中后期,需要学生的体能、动作技能等能够达到教学比赛的要求后才能开展,按照慢投垒球比赛的规则进行小组间技能、体能、智力上的相互比拼,是巩固、提高学生垒球技能以及检验学习情况的教学方法。

基本要求:①分组应尽量按组内异同、组间相同分组;②制订合适的比赛制度;③制订公平的评分制度;④应根据实际情况调节比赛的强度、次数、时间等。

四、领会教学法

领会教学法是球类运动中不可或缺的一种教学方法,球类运动本身就需要学生的战术思维、瞬间决断、技能执行等能力优于常人。例如在比赛过程中,防守队员接到球后需要快速观察进攻队员的跑位,再迅速地选择传球方式和传球的队友。

基本要求:①强调学生垒球比赛战术意识的培养;②教学应注重总分总形式;③培养学生瞬间决断能力。

五、探究式学习法

探究式学习法的应用主要体现在教学比赛或实践训练中,教师通过以往的教学经验,运用某个技能、某个战术跑位等引导学生,创设比赛情景,让学生发挥其主动性及独立自主地发现并解决问题的能力。

基本要求:①在学生的理论知识或技能基础上提出合理的问题;②可个人也可集体进行探究;③教师应积极引导,提供帮助和鼓励。

六、发现式学习法

在慢投垒球教学过程中,应充分发展学生的创造性思维,尤其是在进攻或防守的教学过程中,教师可暂停场上训练,向学生进行提问,此时应该向哪里传球最佳,以及如何跑位最佳等,学生可通过这些再发现的步骤进行学习。

基本要求:①注意提出问题的时机;②注意根据学生的理论知识或技能基础提出问题;③问题的提出应循序渐进;④对于学生的问题不应直接回答,教师应起到引导作用,让学生继续探索。

七、预防错误动作与帮助法

1. 预防与纠正错误法

在垒球的教学过程中,针对一些难以理解的比赛规则或经常出错的动作技能,如投球和挥棒动作,找出其产生的共性原因并对症下药,强化学生对出现错误动作的理解,防止再次出现该错误的教学方法。

基本要求:①动作技能概念的强化应结合学生的实际情况;②对于挥棒、投球等教学难点应降低其练习的难度;③对学生进行辅助引导性练习。

2. 帮助法

学生学习例如挥棒、快速传接球、接异侧地滚球等出现错误动作或技能掌握程度较差时,教师应对学生动作技能的学习进行引导性的帮助。例如在练习挥棒的过程中,学生的持棒姿势、挥棒轨迹总是得不到改善,此时教师可以帮助学生进行调整,辅助练习,进而使学生的技术动作得到提高。

基本要求:①在帮助的同时建立学生自信心;②先解决集体问题再解决个人问题;③强调学生自身练习的习惯;④注意准备专业器材。

八、翻转课堂教学法

随着时代的变迁与发展,现代教育教学模式呈现出多样化的特点。其中,翻转课堂教学模式的出现,为众多课堂注入了新活力,起到了重要的补充与强化作用。这种模式巧妙地避免了占用学生们宝贵的上课时间,而是利用教师预先准备的高质量慢投垒球比赛视频以及一些重难点技术动作的解析,将课堂转变为师生深入交流与互动的场所。这种转变不仅提高了教学效率,也进一步激发了学生学习的积极性与主动性。

基本要求:①视频应精短,不宜过长;②视频内容应突出重点,明确目的;③视频应随着教学进度层层递进;④注意收集学生问题,合理回答。

九、视频反馈教学法

慢投垒球比赛因其独特的观赏价值而备受瞩目,比赛中展现的快速传接球、跑垒、挥棒等个人技术动作,不仅富有技巧性,更充满了艺术美感。发挥学生的主观能动性,拍摄个人或团体的"帅气"视频,学生课后进行观看,会加深学生对该项技术动作的印象,同时还可看到自身的不足。

基本要求:①注意拍摄视频时长;②视频可由教师拍摄也可由学生拍摄;③有相应的技术动作视频作参考;④视频应兼顾所有学生。

第四节 教学内容及教学进度

一、基础班教学内容

基础班教学内容的编排依据学生身心发展规律、教学目标以及课程目标所制定,分为一般基础理论、专项理论、实践技能训练三部分。

1. 一般基础理论

一般基础理论是指在从事体育活动的过程中学生所需要了解的例如运动损伤预防、学生考核标准等相关性知识,具体是:①国家大学生体质测试相关标准;②慢投垒球课程考核标准;③体育保健相关理论;④基本思想品质道德理论。

2. 专项理论

专项理论知识是指与慢投垒球课程相关的理论知识,是以提高慢投垒球认识为目的而展开的相关知识。如:①垒球发展的历史;②垒球现阶段开展情况;③慢投垒球比赛基本规则;④慢投垒球运动损伤预防与处理;⑤参与慢投垒球运动的价值;⑥慢投垒球比赛基本的裁判法以及英语专业术语;⑦比赛基本进攻跑垒战术、防守站位;⑧慢投垒球礼仪。慢投垒球专项理论和一般理论相辅相成。

3. 实践技能训练

实践技能是指在慢投垒球教学中,教师需要教授学生学会的具体动作技能。应依据学生体育运动技能的学习过程分阶段、分层次进行教学。具体是:①装备的穿戴与使用;②传接球技术;③跑垒训练;④防守站位及防守区域;⑤挥棒技术训练以及基本进攻次序;⑥投手投球训练;⑦接杀、投杀、触杀、封杀技术。

基础班教学进展统计表见表4-1。

表 4-1　基础班教学进展统计表

周次	教学内容
1	1.慢投垒球课程介绍和考核方法;2.介绍慢投垒球场地、器材;3.佩戴手套和握球的方法;4.正面传接球鞭甩动作讲解示范练习;5.基本素质练习;6.布置课后作业(宿舍甩毛巾,模仿并体会鞭甩动作)
	教学重点:掌握正确握球方法,正面传接球基本动作
	教学难点:上下肢协调用力,做出传球鞭甩动作
2	1.复习讲解练习上节课内容;2.持球正面肩上传球讲解示范练习;3.接球准备动作讲解;4.基本素质练习;5.布置课后作业(模仿鞭甩动作且观看教师发的教学视频)
	教学重点:正面传接球练习
	教学难点:上下肢协调用力,接球手形以及传球鞭甩动作,克服学生心理恐惧
3	1.复习上节课内容;2.传接球准备动作讲解示范练习;3.侧身传球讲解示范练习;4.基本素质练习;5.布置作业(观看教师准备的教学视频)
	教学重点:接球动作的脚步移动、侧身传球基本动作要领
	教学难点:侧身传球动作的衔接、接球动作的手上动作
4	1.复习上节课内容;2.自抛自接高飞球及行进间接球练习;3.接地滚球练习;4.平直球传接练习;5.素质练习;6.布置作业(观看视频)
	教学重点:高飞球和地滚球接球移动以及手形
	教学难点:接地滚球动作以及步伐移动、上下肢协调用力
5	1.复习上节课内容;2.高飞球传接练习;3.学习击球挥棒基本动作;4.分组T座击打固定球练习;5.素质练习;6.布置作业(观看视频)
	教学重点:正确的握棒方法以及打击练习
	教学难点:上下肢协调用力(蹬地、转体、沉肩、出棒)、出棒轨迹
6	1.复习上节课内容;2.传接球练习;3.分组T座击打有网固定球练习;4.抛打有网垒球练习;5.素质练习;6.布置作业(写出所学慢投垒球的基本技术动作)
	教学重点:正确的挥棒姿势以及抛打要领
	教学难点:上下肢协调用力、出棒轨迹、时机的把握
7	1.行进间传球练习;2.投手投球分组练习;3.分组T座击打有网固定球练习;4.抛打有网垒球练习;5.跑垒练习;6.布置作业(观看慢投垒球基本规则)
	教学重点:挥棒技术以及跑垒要领
	教学难点:上下肢协调用力、出棒轨迹、出棒时机的把握、跑垒规则

续表 4-1

周次	教学内容
8	1.行进间传接球练习；2.行进间传接高远球练习；3.远距离抛打练习；4.跑垒练习；5.规则答疑；6.布置作业（慢投垒球基本规则）
	教学重点：传接球的稳定、挥棒质量
	教学难点：判断远距离垒球落点以及挥棒时机
9	1.行进间传接球练习（平直、高飞、地滚）；2.垒间传球练习；3.抛打有网练习；4.远距离抛打练习；5.规则答疑；6.布置作业（慢投垒球比赛基本规则）
	教学重点：挥棒练习、规则普及
	教学难点：慢投垒球规则、裁判法等
10	1.行进间垒间传接球练习（平直、高飞、地滚）；2.抛打练习；3.远距离抛打练习；4.规则答疑；5.布置作业（观看精彩比赛锦集）
	教学重点：传接球的稳定性、挥棒质量
	教学难点：慢投垒球的规则、裁判法的理解
11	理论课学习、规则及裁判法
	教学重点：了解比赛场地、防守站位、英语专业术语
	教学难点：慢投垒球规则、裁判法等
12	1.教学比赛；2.规则答疑
13	1.教学比赛；2.规则答疑
14	1.传接球练习；2.垒球掷远练习；3.素质练习；4.布置作业（复习考核内容）
15	技能考核
16	理论考核

二、发展班教学内容

发展班教学内容建立在基础班之上，学生通过基础班的学习考核或经专业测试具备相应技能可以进入发展班学习。

1. 一般基础理论

(1)慢投垒球课程考核标准。
(2)常见运动损伤预防。
(3)现代体育相关热点分析。
(4)慢投垒球礼仪与精神。

2. 专项理论

(1)观赏慢投垒球比赛、视频教学。
(2)慢投垒球竞赛规则与裁判法。
(3)慢投垒球竞赛制度(编排比赛日程)。
(4)慢投垒球运动中常见的运动损伤和处理。
(5)如何制订慢投垒球训练计划。
(6)慢投垒球运动英文专业术语。

3. 实践技能训练

(1)挥棒技能训练以及基本进攻次序。
(2)传接球技术。
(3)防守配合(双杀、夹杀)。
(4)内、外野手配合防守技术。
(5)跑垒技术。
(6)进攻战术(牺牲打、推打、拉打)。
发展班教学进展统计表见表4-2。

表 4-2 发展班教学进展统计表

周次	教学内容
1	1.课程介绍;2.传接球练习;3.击球技术;4.介绍规则
1	教学重点:传接球的稳定,技术动作的掌握
1	教学难点:挥棒技术动作、上下肢协调发力
2	1.传接球练习(高飞、平直、地滚);2.接球衔接侧身传球练习;3.内场防守练习;4.教学比赛;5.裁判法
2	教学重点:传接球的稳定
2	教学难点:防守策略的理解与跑位
3	1.跑垒练习;2.传接球练习(高飞、平直、地滚);3.夹杀、双杀练习;4.内场防守练习;5.教学比赛;6.裁判法
3	教学重点:熟悉内场防守;掌握加杀、双杀策略
3	教学难点:灵活运用防守策略
4	1.跑垒练习;2.传接球练习(高飞、平直、地滚);3.轻打练习;4.内场防守练习;5.教学比赛;6.裁判法
4	教学重点:熟练地进行各种球的传接、掌握挥棒要领
4	教学难点:正确地判断球落点进行挥棒

续表 4-2

周次	教学内容
5	1.跑垒练习;2.传接球练习(高飞、平直、地滚);3.夹杀、双杀练习;4.20m 教练棒平直球接球练习;5.内场防守练习
	教学重点:熟悉加杀、双杀策略,正确判断教练棒打出来的球方向
	教学难点:快速移动接低平球
6	1.垒间传球练习;2.轻打练习;3.触击球练习;4.20m 教练棒平直球接球练习;5.40m 以上教练棒高飞球接球练习
	教学重点:接球正确判断来球方向和球的运动轨迹
	教学难点:快速移动中接各种来球
7	1.垒间传球练习;2.接球衔接垫步传球技术;3.触击球练习;4.轻打练习;5.夹杀、双杀练习
	教学重点:掌握垫步传球技术
	教学难点:上下肢协调用力
8	1.垒间传球练习;2.接球衔接垫步传球技术;3.触击球练习;4.轻打练习;5.正式击球练习
	教学重点:掌握垫步传球技术
	教学难点:上下肢协调用力
9	1.传接球练习;2.接球衔接垫步传球技术;3.内外野手配合练习;4.正式击球练习;5.外场防守练习
	教学重点:防守人员整体配合
	教学难点:防守人员默契、进攻人员的挥棒稳定
10	1.外场防守练习;2.传接球练习;3.20m 教练棒平直球接球练习;4.40m 以上教练棒高飞球接球练习;5.抛击打远练习
	教学重点:判断投手来球、挥棒
	教学难点:上下肢协调用力、挥棒击中球心
11	1.传接球练习;2.20m 教练棒平直球接球练习;3.40m 以上教练棒高飞球接球练习;4.全场配合练习;5.教学比赛
	教学重点:判断投手来球、挥棒
	教学难点:上下肢协调用力、挥棒击中球心
12	1.全场配合练习;2.教学比赛

续表 4-2

周次	教学内容
13	1.教学比赛;2.裁判法;3.规则答疑
14	1.教学比赛;2.裁判法;3.规则答疑
15	技能考核
16	理论考试

第五节　考核内容与评价标准

一、基础班

基础班考核内容与评价标准见表 4-3。

表 4-3　基础班考核内容与评价标准

考核内容		①15m 踏垒传接球 5 个(传接球 20%、技术评价 10%,该项占总分值 30%);②垒球掷远(占总分值的 20%);③身体素质(占总分值的 20%);④课外锻炼与考勤(占总分值的 30%)
等级	分值(100)	
15m 传接球(5 个)		组织:与日常训练的队友完成 5 个回合传接球,分值大小按技术动作评价评定。单位:个
A	90~100	5
B	80~89	4
C	70~79	3
D	60~69	2
E	<60	1

注:两人同时进行考核,丢球责任判定为传球和接球,例如接球人需离开垒包接球,则判定传球人失球 1 个,若此球未接住,接球人也判定丢球 1 个。传球人将球传至垒包附近,接球人未成功接住判定接球人丢球 1 个。女生距离 10m

技术评价		技术评价在各自的传接球个数上分为 3 个等级
A⁺	80~100	传接球动作很正确,上下肢配合非常协调,传球位置很准确,球速较快,球路直
A	40~80	传接球动作较正确,上下肢配合协调,传球位置准确,球速一般,球路较直
A⁻	0~40	传接球动作不正确,上下肢配合不协调,传球位置不准确,球速慢,球路呈抛物线

续表 4-3

垒球掷远	组织：组织热身后，按点名册次序依次投掷　　　　单位：m
	男生：0.5X　　　　女生：X−5
身体素质	男生：1000m　　　　女生：800m
	标准：成绩按照《国家学生体质健康标准》进行评分
情感态度	1.上课是否积极；2.是否迟到、旷课、早退等；3.思想品德是否良好

<table>
<tr><th colspan="2">内容</th><th>因素</th><th>扣分标准（分/次）</th><th>其他</th></tr>
<tr><td rowspan="4">情感态度</td><td rowspan="4">学习态度</td><td>旷课</td><td>6</td><td>缺勤超过4次课不予评定成绩</td></tr>
<tr><td>迟到</td><td>3</td><td>15min</td></tr>
<tr><td>早退</td><td>3</td><td>15min</td></tr>
<tr><td>消极</td><td>3</td><td>扣分上限50分</td></tr>
<tr><td colspan="5">注：其他一切有不遵守课堂规章制度、影响他人或课程正常开展的情况一律扣3分</td></tr>
</table>

二、发展班

发展班考核内容与评价标准见表4-4。

表 4-4　发展班考核内容与评价标准

等级	考核内容 分值（100）	
		①15m传接球5个（数量15%、技评5%，总20%）；②12m距离击投手球5个（数量15%、技评5%，总20%）；③身体素质（占总分值20%）；④专项理论知识（占总分值20%）；⑤情感态度（占总分值20%）
15m传接球（5个）		组织：与日常训练的队友完成5个回合的传接球，分值大小按技术动作评价评定。单位：个
A	90～100	数量：5
		A 技评：传接球动作很正确，上下肢配合非常协调，传球位置很准确，球速较快
B	80～89	数量：4
		B 技评：传接球动作正确，上下肢配合很协调，传球位置很准确
C	70～79	数量：3
		C 技评：传接球动作较正确，上下肢配合协调，传球位置准确
D	60～69	数量：2
		D 技评：传接球动作基本正确，上下肢配合较协调，传球位置基本准确
E	<60	数量：1
		E 技评：传接球动作不正确，上下肢配合不协调，传球位置不够准确

续表 4-4

12m距离击投手球5个		组织：组织热身后，按点名册次序依次击球　　　　单位：个	
A	90～100	数量：5	
		A技评：击球动作非常正确，选球能力很好，能够击出高质量平、远的球	
B	80～89	数量：4	
		B技评：击球动作很正确，选球能力很好，能够击出平、远的球	
C	70～79	数量：3	
		C技评：击球动作正确，选球能力较好，能够击出较平或较远的球	
D	60～69	数量：2	
		D技评：击球动作基本正确，选球能力尚可，能够击出较平或较远的球	
E	<60	数量：1	
		F技评：击球动作不正确，选球能力较差，难以击出平、远球	

注：考核人员可根据投手投出球进行判定，若两次好球未击球，则判定击球一次，一共五次击球机会，坏球不击不算，坏球挥棒未打中球则判定一击

身体素质	男生：1000m+50m　　　　女生：800m+50m
	标准：成绩按照《国家学生体质健康标准》进行评分

理论知识	1. 慢投垒球相关知识
	2. 慢投垒球课程的收获与建议
	3. 慢投垒球基本规则、裁判法

情感态度	1. 上课是否积极；2. 是否迟到、旷课、早退等；3. 思想品德是否良好

	内容	因素	扣分标准(分/次)	其他
	学习态度	旷课	6	缺勤超过4次课不予评定成绩
		迟到	3	15min
		早退	3	15min
		消极	3	扣分上限50分
	注：其他一切有不遵守课堂规章制度、影响他人或课程正常开展一律扣3分			

三、基本评价要求

（1）按照评价内容，客观、公正地进行评价。

（2）技术考核、学习态度以教师评价为主，学生自评仅作参考。

（3）教师根据学生评价结果，结合教师的评价，给予学生最终评价。

注意：基础班、发展班均采用此评价方法。

第六章 慢投垒球训练

第一节 基础技术训练

一、打击技术训练

(一)空挥练习

空挥练习是指练习者在教练员的指导和示范下,或自己对着镜子,反复进行空挥模仿。这种方法对于初学者来说简单易行,能够有效地帮助初学者固定击球动作。

(1)伸踏练习(图6-1)。

(2)转体练习(图6-2)。

(3)随挥练习(图6-3)。

图6-1 伸踏练习　　　　图6-2 转体练习　　　　图6-3 随挥练习

(二)打击 T 座练习

该方法将球与击球技术相结合,让初学者在进行空挥练习的同时,提高对挥棒高度与垒球位置关系的认识。在练习时使用打击训练器(T 座)对垒球进行固定。打击 T 座的高度可以调节(细微的高低位置通过橡皮管包裹铁管的多少而定),不同高度的练习见图 6-4～图 6-6;不同打点练习见图 6-7～图 6-9,以模拟不同位置的击球点;击球时采用垫步,垫步打击练习见图 6-10。

图 6-4　打击 T 座练习(高位)　　图 6-5　打击 T 座练习(中位)　　图 6-6　打击 T 座练习(低位)

图 6-7　打内角球　　　　　　图 6-8　打外角球　　　　　　图 6-9　打平直球

图 6-10　垫步打击练习

(三)挡网抛打练习

挡网抛打练习是在打击训练器静态练习的基础上,开展的动态打击练习,提高了击球练习者挥棒击球的难度,大致分为三种类型。

击垂直抛球(图6-11)。两名练习者一组,挡网一块,垒球10~15个。抛球员侧向蹲、坐或靠近击球员方单膝跪下于网前2m左右,将球集中于身前,单手持球,平直抛球手臂垂直从下往上抛球60cm左右高度。击球员站在抛球员1m左右位置,不等球落地,按照完整动作将球击出。体会挥棒动作完整性,击球力量协调,二人交换抛击练习。

注意:为保证训练效果与安全,当抛球员抛球时尽量保持垂直上下,抛完球后可向侧方进行适当回避;对于击打员,当抛球员抛出贴近抛球员身体一侧的球时果断选择放弃击打以保证抛球员的安全。

击斜抛球(图6-12)。两名练习者一组,挡网一块,垒球10~15个。抛球员在击球员侧前方站立,在击球员身前放置一块本垒板,抛球员对着本垒板区域进行不同落点的抛球,使得击球员根据来球的轨迹调整挥击动作。斜抛球能很大程度提高击球员对于不同落点球的判断,从而调整步伐、击球点、击球时间等,对于落点相同的球也可以调整站位以及击球点来进行相应的推打动作练习。

图6-11 击垂直抛球　　　　图6-12 击斜抛球

垂落抛(图6-13)。两名练习者一组,挡网一块,垒球10~15个。抛击者站在3m左右高处往下抛球,击球员不等球落地将球击出。这种方法的击球准备时间较长,垂直下落速度相对较快,需要击打员盯准落球,培养击球员对于落球打击挥棒时机判断、球感,击球员也可以训练不同高度的击球点。

(四)投手喂球练习

投手喂球练习是指教练员站在投手区域内,通过投球方式对击球员进行喂球训练的一种方法。在进行此练习时,应遵循渐进原则。初期以喂送好球为主,随着击球员技术水平的提升和判断能力的增强,投球位置可相应调整,从而提高击球员对来球的判

图6-13 垂落抛

断和打击能力。

(1)在开始阶段,教练员投出可以始终稳定在好球区内的球。

(2)当击球员可以在稳定的击球点上连续多次击出长打球,此时教练应改变投球落点,提高击球员对于来球的判断,提升击球员对不同落点球的打击能力。

(3)当击球练习者已经能够准确无误地击打投手投来的各种不同落点的球时(落点都在好球区内),可投一些坏球以使打击者能够独立而敏捷地辨别投出球的"好球"与"坏球"。

(4)在后期,该练习方法可以将投手、击球员、防守队员结合在一起进行练习。

二、传接球技术训练

传接球技术是慢投垒球运动的基础。接球分为接平直球、地滚球、反弹球、高飞球等,传球则包括下手抛传、肩上传球、侧身传球等。传接球技术的基本功好与坏,直接决定了球队防守的稳定程度,所以在训练中,应当明确防守动作要领,并通过多样化的训练手段予以强化。

(一)上肢练习方法

手指力量练习。投手用五指握球握住一个大小与垒球相当的铁球,一抓一放,或借助握力器以增加手指力量。

抗阻练习。选择一根宽度适中的皮筋,皮筋一端固定,另一端握在投手的投掷手上。投手握住皮筋,用投球动作反复牵拉皮筋进行练习。此练习法可以有效地提高投手的腿、腰、肩、臂、手腕协调发力的能力。

鞭打练习。投手用手握住浸湿了的毛巾中部,并将肘关节抬起,手腕后翻过头顶,通过手臂、手腕、手指甩动毛巾练习鞭打技术。

上臂大肌肉群力量练习。用单杠做引体向上,双杠做双臂屈伸、俯卧撑,快速举重量适中的杠铃提高上肢力量。

前臂小肌肉群力量练习。练习者双手前平举,握住一根30cm长的圆木棒两端,棒中悬挂重物,利用手腕的力量将其摆动,最终将重物卷起至棒上。

(二)下肢练习方法

短程冲刺练习。如10m、30m、60m以及6m×6m折返跑和斜坡冲刺跑,以加强练习者肌肉的瞬时爆发能力。一般5次冲刺为一组,练习3组为宜。

中长距离耐力跑。中距离跑为400m,长距离跑为10 000m,能够有效地提高腿部稳定性,为长时间的比赛做好体能准备。

单腿支撑练习。练习者可以通过单脚跳绳、单脚蹲立、单脚上下台阶、单脚弹跳等方式锻炼投球支撑腿与踝关节的力量,提高投球蹬地时练习者控制身体平衡的能力。

后蹬跑练习。跑30m要求后腿全力蹬地,且前腿配合,以有力的前腿高抬顶膝。身体重心尽量保持水平,不可起伏过大。

(三)传接球技术练习

1. 自抛自接练习

自抛自接练习(图6-14)是进行慢投垒球传接球练习最基本的练习方法,它能在一定程度上帮助传球手熟悉球性以及接球手套用法。练习者将球抛起,观测并找准球的落点,移动到位用接球手套接住下落的球,抛球高度可根据练习者掌握程度逐渐增加。注意在接球时要求练习者的传球手进行护球,可以让练习者养成护球习惯。

图6-14 自抛自接练习

2. 传接球分解技术动作练习

(1)拨腕传球练习(图6-15)。练习者两人一组或三人一组,进行短距离的互相传接球练习,练习者之间的距离在5m左右,练习者相对平行站立两脚与肩同宽,引臂固定动作在一定高度进行拨腕传球练习。教练员以及练习者之间应及时对不正确的动作进行纠正和改善。

(2)引肩传球练习(图6-16)。练习者两人一组,进行中距离的互相传接球练习,练习者之间的距离保持在10m左右,练习者侧身平行站立两脚与肩同宽,引肩固定动作在一定高度进行鞭甩传球练习。教练员以及练习者之间应及时对不正确的动作进行纠正和改善。

图 6-15　拨腕传球练习

图 6-16　引肩传球练习

(3)左右手传接练习(图 6-17)。传球者用甩腕、拨指的方法,将右手所持的球反复向自己左手手套传球。这一练习可以让练习者逐渐熟悉手套的使用方法,巩固甩腕拨指动作,加强手指、手腕的控球感。

(4)跪式传球练习(图 6-18)。两人一组互相练习,练习者以单膝跪地,做近距离的传接球练习。这种方法可以有效地提高练习者协调地运用上肢、肩带、手臂以及手腕的传球能力。

(5)落点变化的传球。两人一组,相对站立,距离 3~5m,一人用肩上传球的方法将球传给接球者。传球落点包括高位正手区域、高位反手区域、低位正手区域以及低位反手区域 4 个区域(图 6-19)。该练习有助于练习者掌握不同来球球路的接球技巧,以及提高传球的控球能力。

图 6-17　左右手传接练习

图 6-18　跪式传球练习

高位正手接球　　　　　　　　　　　高位反手接球

低位正手接球　　　　　　　　　　　低位反手接球

图 6-19　落点变化的传接球

(6)垫步接球练习(图6-20)。两人一组,相距8~10m,传球者将球传向接球人的左侧或右侧(可以采用地滚球、平直球的传球方法),接球人通过一次垫步的移动进行接球,接球时的身体姿态保持不变,传球者传球的速度、轨迹和落点可以自行调整。

图6-20 垫步传接球练习

(7)跑动中的传球练习(图6-21)。练习者分为A、B两组,各成一路,相对而立,两队间距在10~15m。A组的排头队员向B组的队尾方向快速跑动(跑动路线是一个弧线的轨迹),将球传向B组排头队员,传球后,B组的排头队员向A组的队尾快速跑动中,传球给A组的第二个人,如此循环。该训练有助于练习者在移动中将球传出,也是练习夹杀的一项练习方法。

(8)分组对传练习(图6-22)。分组练习要求两人一组,相互进行肩上传球练习。练习肩

图6-21 跑动中的传球

上传球时,练习者间隔在30m左右。练习体侧传球时,两人之间的间隔保持在10~15m之间。

(9)教练棒练习(图6-23)。练习者在离教练15~20m处接球,教练击出内野常见球,如地滚球、一弹球等。要求练习者运用之前接球姿势进行连贯的接球至传球动作,并保持接球和传球的稳定性。在练习者能够稳定地接球和传球后,教练逐渐加快击出球的速度直至接近比赛时的球速。

肩上传球　　　　　　体侧传球

体侧传球

图 6-22　分组对传练习

图 6-23　教练棒练习

三、投球技术训练

慢投垒球投球技术有别于棒球,不需要专门训练投手的力量,但需要对投手的投球稳定性、高度、控点进行训练,因此可从以下思路进行训练。

(1)投球稳定性练习。投手对目前自身好球率最高的投球轨迹进行练习,将该种球路的好球率提升至80%以上,此球路为投手在面对一般击棒员或较弱击棒员时需要稳定投出好球的球路选择。

(2)投球高度练习。投手尽量将投球球路的最高点提高至接近(甚至超越)3.65m的高度,将此类高度球路专门训练至好球率达50%以上。此球路在面对需要对击棒员进行压制的局面时使用。

(3)投球控点练习。投手针对外角前板、外角后板、内角前板、内角后板等投球落点进行专门练习,在比赛中投手需要根据击棒员的站位、打击习惯以及防守策略等因素选择不同落点球路。

第二节 基础战术训练

一、防守基本配合训练方法

在慢投垒球比赛中,场上10名防守队员进行防守活动的最终目的是阻止进攻队员跑垒和得分。当进攻队员将球击出之后,防守队员首先要努力争取把球接住,然后根据比赛场上的形势,合理地利用传球和接球技术配合将进攻队员杀出局。因此,场上10名防守队员的所有防守活动犹如在编织一张大"网",而把所有防守队员紧密相连的"网线"就是传接球技术,由此可以看出传接球技术的重要作用。传接球技术是慢投垒球运动中最重要的防守技术,是防守战术配合的基础。

根据慢投垒球比赛防守活动的特点,教练在组织防守战术的训练时,要以传球和接球技术为中心,针对比赛中可能出现的各种局面组成不同的传接球组合,提出具体的要求,从易到难,由简至繁,不断增加练习的难度和复杂程度,进行反复地练习,达到熟能生巧、配合默契、应用自如的程度。

练习一:将队员分为甲、乙两组,分别在内、外场同时练习。甲组6个人,在内场各防守位站位,接手抛传或用球棒击出地滚球,投手或游击手上前接球后分别向各个垒位传杀,各垒位的守垒员接球后继续进行垒间传接球,传球时要喊出接球位置的名称。乙组在外场,其中一人在教练附近接球,其他人成一排纵队,面向教练,在相距15~30 m处接球。教练用手抛球或用球棒击出各种不同轨迹的球,排头第一个人去接球,后面的人紧随其后补漏,接球后将球传给教练旁边的接球者。这样一人接球,一人补漏,按顺序轮换进行练习。

练习二:将比赛时场上的10名守场员分为甲、乙两组,投手、接手和游击手为甲组,其余队员为乙组。甲组投手中速投球,接手接球后将球抛传至投手或游击手附近,投手或游击手主动上前接球后传杀本垒。乙组一、二、三垒手站在各自的垒位上，分别持球向右、中、左外野手（距离 30m 左右）附近抛传球，各外野手积极主动跑动接球后，将球迅速回传到各个垒位。

练习三：场上 10 名防守队员按正式比赛中的防守阵形站位，练习前教练或接手全面检查站位情况是否正确。教练在本垒附近按投手、接手、一垒手、二垒手……的位置顺序，分别击出各种性质的球，各防守队员接球后按指定垒位传球（内野手在各垒间传接球的时候，外野手要注意适时补垒和补位），最后传球给接手。在本练习中教练可以根据防守战术配合的意图，战术变化的不同形式，结合临场具体情况，制订不同的传球路线，提出不同的要求进行练习。

下面列出几组传球路线，供练习时使用或参考。

第一轮，各防守队员接球后，直接传球给接手；第二轮，各防守队员接球后，传球给一垒手；第三轮，各防守队员接球后，传球给二垒手，二垒手传球给一垒手，一垒手传球给接手；第四轮，各防守队员接球后，传球给一垒手，一垒手传球给三垒手，三垒手传球给接手。

练习四：补垒、补漏和接应配合练习。防守队员按基本防守阵形站位，由教练抛球或击球，结合临场具体情况，提出不同的要求进行练习。如：各内野手之间的补垒、补漏配合练习；各内、外野手之间的补漏或接应配合练习；各内、外野手之间的综合练习等。

二、全队防守配合训练方法

在训练中或在比赛前，为了使队员能够熟练掌握各种防守战术配合中的传接球技术，并加强全队防守战术配合的能力，可根据实战情况和队员的技术水平，制订几套连贯的传接球练习方法，以提高防守战术配合中队员之间的传球技术水平，以及全队防守配合的熟练度和默契度。

练习一：内、外野手接球传球练习。教练在投手板与二垒之间向 3 个外野手依次击出飞球或地滚球，给每人击 3~4 次。外野手接球后，应迅速将球传回给教练。同时，接手向内野手依次做近距离和垒间距离的传接球练习。此练习为全套配合练习的开始，要求各队员在练习中熟悉自己的位置及周围情况。传球速度可以稍慢，但传球要准，动作要正确。

练习二：内野手接地滚球和传球回本垒练习。教练在击球区内（以下相同）依次向各内野手击出中速地滚球（每人重复 2~3 次）。要求各内野手主动迎前接球。接球后要快速传回本垒，而外野手要及时移动保护内野手的接球。这时，外野手亦可组成一组，由另一教练或队员击远距离飞球进行接传球练习。

练习三：内野手之间快速传球练习。内野手接教练击出的地滚球后，快速准确地传向一垒，一垒手接球后再向其他垒传球，多次传接球后再传回本垒（每人重复 2~3 次，难度可逐渐增加）。要求各内野手熟悉各垒位的方向与位置，在连续传球过程中做好补位移动和接应，场手也要做好相应的移动和接应。

练习时使用或参考传球路线如下。

传球路线一：5→3→2→5→4→3→2。

传球路线二：6→3→2→4→5→2。

传球路线三：4→3→2→6→5→2。

传球路线四：3→2→5→6→2（一垒手接球后自己踏垒或传给补位的二垒）。

传球路线五：2→3→2→5→6→2。

注意：数字为各内野手位置代号：投手-1，接手-2，一垒手-3，二垒手-4，三垒手-5，游击手-6，以下类同。

练习四：内场双杀配合练习。这个练习要求防守队员接球后快速传向二垒作双杀的第一传，二垒手或游击手轮流上二垒接球，接球后再传一垒完成双杀；一垒手接球后再向其他垒传球，经多次传接球后再传回本垒。

练习时使用或参考传球路线如下。

传球路线一：5→4→3→5→2。

传球路线二：6→4→3→5→2→4。

传球路线三：4→6→3→5→2→6。

传球路线四：3→6→4→5→2。

传球路线五：2→6→3→5→6→2。

练习五：外野手接球与长传练习。外野手依次接远距离飞球与地滚球。第一次、第二次接球后可传给最近的一个垒位，第三次接球后传回本垒。

练习六：内、外野手传接球综合练习。

传球路线一：投手站在投手板上，接地滚球传向各垒。

传球路线二：内野手依次接平直球或飞球，接球后传回本垒，最后冲前接触击球，并传回本垒。内野手练习结束。

传球路线三：外野手依次接1~2次飞球，接球后直接传回本垒。外野手练习结束。

传球路线四：接手接本垒附近飞球3~4次。至此全队练习结束。

三、特殊局面训练

1. "防一、三垒双攻垒"练习

将8名练习者分为甲、乙两组，甲组队员分别站在内场防守队员的6个位置上，另外2名练习者站在一、三垒位充当跑垒员，可以自主安排进攻配合。练习开始时，当教练员击出游击方向地滚球的瞬间，一垒跑垒员立即起动进攻下一垒位。游击手接住球后立刻传球给二垒手，二垒手踏垒接球。之后，二垒手立即将球传回至本垒接手，封杀或触杀三垒跑垒员。如果发现三垒跑垒员已经跑出垒位一段距离，来不及完成双杀，则应放弃封杀一垒跑垒员，直接将球传回至本垒的接手，封杀或触杀三垒跑垒员。

2. 内场双杀战术练习

双杀战术是指防守队在一次连续的传杀中，使2名跑垒员出局的一种配合战术。一般情况下，双杀战术多用于一垒有人，或一、二垒有人，或一、二、三垒都有人的情形。可将练习者分为甲、乙两组。甲组6人，分别担任投手、接手、一垒手、二垒手、三垒手和游击手。乙组3

人,分别担任一垒跑垒员、二垒跑垒员和击球员。教练员站在击球区左侧,负责喊口令。投手投出一个易于击打的球,击球员将其击出(只击出靠右和靠左的内场飞球)。击球员成为击跑员全力向一垒冲刺,一、二垒跑垒员被迫向二垒和三垒跑动。这里介绍两个固定的传球线路:

(1)当击球员击出靠右的内场地滚球时,一垒手向前移动接球,投手补位一垒,一垒手接住球后立刻向三垒传球,封杀被迫上垒的二垒跑垒员,之后立刻将球传向二垒,封杀一垒跑垒员。

(2)当击球员击出靠左的内场地滚球时,三垒手向前移动接球,游击手补三垒,三垒手接住球后传向二垒以便封杀一垒跑垒员,二垒手随后立刻传球给一垒手,封杀击球员。

第三节　身体素质训练

一、训练内容

(一)体能训练

慢投垒球运动中的体能是指参与者基本的运动能力,是参与者竞技能力的重要组成部分,主要包括参与者身体形态、身体机能及运动素质三个方面内容。根据慢投垒球的项目特征,参与者的体能训练总体上包括力量训练和灵敏训练两个方面的内容。

1. 力量训练

击球员的击球力量、跑垒员的下肢爆发力是力量练习的主要内容。因此,科学有效地发展练习者肩、双臂、腰腹肌以及小腿等部位的肌群力量,是提高运动成绩的重要方法。

1)上肢力量练习

(1)手指力量练习:投手用五指握球握住一个大小与垒球相当的铁球,一抓一放,或借助握力器以增加手指的力量。

(2)抗阻练习:选择一根宽度适中的皮筋,皮筋一端固定,另一端握在投手的投掷手上。投手握住皮筋,用投球动作反复牵拉皮筋进行练习。此练习法可以有效地提高投手的腿、腰、肩、臂、手腕协调发力的能力。

(3)鞭打练习。投手用手握住浸湿的毛巾中部,并将肘关节抬起,手腕后翻过头顶,通过手臂、手腕、手指甩动毛巾练习鞭打技术。

(4)前臂小肌肉群力量练习。练习者双手前平举,握住一根30cm长的圆木棒两端,棒中悬挂重物,利用手腕的力量将其摆动,最终将重物卷起至棒上。

(5)肩部肌肉的拉伸练习。练习者先把主导胳膊抬高与肩齐平,再用另一胳膊拉住主导胳膊,横过体前,直至感觉肩后部肌肉绷紧为止。由于肩背部的肌肉是棒垒球运动员最容易受伤的部位,所以该练习方法非常有必要。

(6)肩部三角肌力量练习。此练习可以增强肱二头肌和肩前部肌肉力量。首先,练习者站立或坐着,胳膊放体侧,掌心向大腿。然后,将肘部伸直,抬高胳膊。最后,将胳膊慢慢上举,直到高于头部。此动作25个为一组,一次4组。如果条件允许,可以握住一个小哑铃进行练习。

(7)肩袖回旋肌上举练习。首先,练习者两肩放体侧,握器械站立,两侧伸直,两肩、臂内旋,拇指向下。然后,手臂绷直,快速上抬高80°,拇指朝下。最后,轻轻将两臂慢慢放下。此动作25个为一组,一次4组。如果条件允许,可以握住一个小哑铃进行练习。

(8)推举练习。练习者持械端坐,双手持中等重量的杠铃,将其举在肩上,并逐渐将其举过头部,拇指朝内。至最高点后,再缓慢复原。推举时,可以两肩并举,也可单臂轮流推举。

(9)俯卧撑练习。该练习方法有助于加强胸部和双肩肌肉群。练习者双手撑地,膝关节跪地。稳定身体姿态后,弯曲手臂,水平降低身体,使肘部与肩部在同一水平高度。当到达最低点时,逐渐伸直手臂,快速水平撑起身体,保持背部全部平直。

2)腰腹力量练习

(1)侧身弯腰运动。练习者分腿直立,两臂侧平举,上体稍向前屈。吸气,用左手手指去碰右脚,右臂自然上举,两腿和两臂都不得弯曲,还原后呼气。再换一方向做,反复进行。连续做8次为一组,一次3组。

(2)坐式屈团身。该练习主要为发展上、下腹部肌肉。练习者伸直膝盖,上身后仰,保持身体平衡,然后屈膝收腹,使腹肌极度折屈。练习中,脚始终不能触及地面。

(3)空中蹬车。练习者仰卧于地板上,下背部紧贴地面。双手放在头侧,手臂打开。将腿抬起,缓慢进行蹬自行车的动作。呼气,抬起上体,用右肘关节触碰左膝,保持姿势2s,然后还原。再用左肘关节触碰右膝,同样保持2s,慢慢回到起始姿势。

3)下肢力量练习

(1)原地跑。练习者肩负杠铃,杠铃重量达到本人最大负重的40%~50%,尽量在跑动过程中将大腿抬高,使大腿面与躯干垂直。15~20次为一组,一次2组。

(2)直腿跳。练习者肩负杠铃,杠铃重量达到本人最大负重的40%~50%,腿绷直,踝关节最大限度地伸展,尽可能快而高地直上直下跳。15~20次为一组,一次2组。

(二)灵敏训练

在慢投垒球比赛中,进攻方快速启动上垒以及防守方快速灵活地组织防守都需要运动员具备较高的灵敏素质。因此,灵敏素质的好坏直接影响着运动员在慢投垒球比赛中的表现。然而,灵敏素质受遗传因素影响较大,后期提升空间有限,因此,应在运动员选材的环节重视灵敏素质较高者。但是,通过科学的练习,人的灵敏素质可以在一定程度上得到提高。

两个动作组合练习。如交叉步→后退跑,后踢腿跑→圆圈跑,侧手翻→前滚翻,俯卧转体→膝触胸,变换跳转髋→交叉步跑,立卧撑→原地高抬腿跑等。

三个动作组合练习。如交叉步→滑步→障碍跑,旋风脚→侧手翻→前滚翻,弹腿→腾空飞脚→鱼跃前滚翻,滑跳→交叉步跑→转身滑步跑等。

多个动作组合练习。如倒立前滚翻→单肩后滚翻→侧滚翻→跪跳起,悬垂摆动→双杠跳下→钻山羊→走平衡木,跨栏→钻栏→跳栏→滚翻,摆腿→后退跑→鱼跃前滚翻→立卧撑等。

二、训练方案

训练队员分为 A、B、C 三组,交替练习,一周训练详见表 6-1。

表 6-1　一周训练统计表

周一	热身传球活动 30min、接球连贯性训练 15min、守备专项训练 15min、教练棒训练＋打击训练 30min
周二	热身传球活动 30min、教练棒与打击交替训练 30min、守备专项训练 30min
周三	热身传球活动 30min、内外野手接球传球训练 30min、抛击训练 15min
周四	热身传球活动 30min、灵敏度训练 30min、上肢力量训练 15min、下肢力量训练 15min
周五	热身传球活动 30min、教练棒练习 15min、防守局面 30min、跑垒练习＋规则学习 15min
周六	热身传球活动 30min、教练棒练习 15min、打击练习 15min、训练赛练习 30min
周日	热身传球活动 30min、接球连贯性练习 15min、教练棒练习 15min、投打练习 30min

第三篇
赛事模块

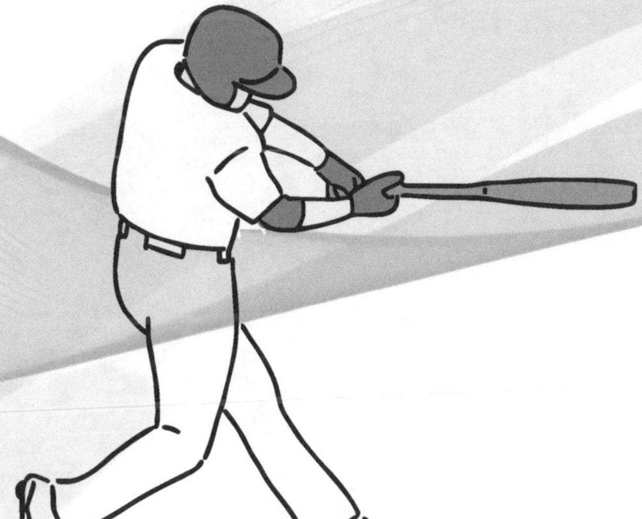

第七章
慢投垒球的基本规则

第一节 比赛规则

1. 有效比赛

在正式比赛中，若后攻队在最后一局中，前一局所累计的得分已超出对方在最后一局的得分，则无须完成整局比赛，即可判定后攻队为获胜方。若因天黑或其他不可抗力因素导致比赛中断，且比赛已进行满五局或五局以上的完整局数，裁判员有权依据实际情况宣布比赛终止。此外，若后攻队在四局半的比赛中累计得分已超越对方，则该场比赛被视为"有效比赛"。

2. 无效比赛

在比赛未满五局或在四局半、后攻队得分未超过先攻队时，遇其他特殊情况而不能继续比赛，称为"无效比赛"，须另行安排重赛。

3. 击球次序

击球次序是指一队在进攻时按上场队员名单依次击球的顺序。比赛开始前，应将击球顺序、防守位置以及替补队员名字登记在上场名单上，一式三份交给主裁判员，一经交出，不得更换。如要更换即作为替补，在整场比赛中每一队员须按比赛顺序击球。

4. 出局

比赛中进攻队员在击球或跑垒时被守方队投杀、接杀、封杀、触杀以及在比赛中违反规则或妨碍犯规等，判离场失去继续进攻机会，称为"出局"，三人出局就交换攻守。

5. 死球

比赛停止称为"死球"。如下列情况：
（1）球碰触任何非比赛场地器具与物体，或非比赛人员，或球进入比赛无效区时。
（2）球进入裁判员或进攻队员的衣服时。
（3）裁判员宣判"死球"时。

6. 延迟死球局面

比赛中，如发生投手投球不合法或接手妨碍击球员击球，而击球员仍将球击出，以及跑垒员被守方队员阻挡时，裁判员为了维持比赛顺畅的进行，应立即平伸左臂做出"延迟死球局面"的手势，待活动停止后，根据场上情况再作裁决。对投手投球不合法或接手妨碍击球员击球，而击球员仍将球击出，但击球员和跑垒员都没进一个垒时，攻方教练员可以选择已成局面或按犯规处理。

7. 暂停

比赛中，场上如发生特殊情况，裁判员双臂斜上举，以手势和口令宣布"暂停"。比赛暂时中断成死球局面。裁判员按规则处理场上情况后，将球交投手区内的投手，再宣布比赛继续。

8. 暂停作指示

在比赛活动停止或成死球局面时，教练员可向裁判员请求暂停向队员作指示，获允许后，另一队教练员亦可利用此次暂停。每局每队限一次，防守时的暂停，仅限于对投手作指示。如第二次要求暂停，则该队必须更换投手。进攻时间的暂停，可向击球员或跑垒员指导。若教练员进入场地，通知裁判员更换投手，无论是更换前还是更换后与投手交谈，均不视为"暂停作指示"。

9. 得分

（1）跑垒员在三人出局前，依次合法触踏一、二、三垒及本垒，即得一分。

（2）延长局突破僵局制时，站在二垒的跑垒员无须踏触一垒。

10. 得分无效

跑垒员虽然合法触踏本垒，判第三人出局时，会出现得分无效的情况，如遇下列情况即判得分无效：

（1）当击跑员触踏一垒前被杀出局时。

（2）当击跑员或任何跑垒员被封杀出局（包括申诉）时。

（3）当跑垒员在投出的球被击出或到达本垒板之前离垒时。

（4）当前位跑垒员被判出局时。

（5）在第三人出局后，可以请求追加申诉出局，使得分无效。

11. 延长局

（1）七局比赛结束后得分相等，则从第八局起，每半局开始时进攻队将该局打击顺序的第十棒击球员或第十一棒击球员（额外击球员被使用）或第十二棒击球员（男女混合比赛中使用两名额外击球员）放置在二垒作为跑垒员（或视赛事规定），直至比赛结束。

（2）该二垒跑垒员可以根据替补规则进行替补。

(3)若该二垒跑垒员为错误跑垒员,则一经发现即刻更正,不予判罚。

12. 教练员

(1)当上场队员名单需要变动时,由教练员或球队代表负责通知司球裁判。

(2)教练员不可对运动员、裁判员、观众使用会产生负面影响的语言。

(3)下列人员之间不得使用通信器材:①在场地上的教练员之间;②教练员和球员席之间;③教练员和任何队员之间;④观众席和场地之间,包括球员席、教练员和队员。

(4)防守队的教练员或领队可以是留在球员席内的专职教练员,也可以是队员兼教练员,兼任队员的教练员可在比赛中给予本方球队指导和协助。

13. 队员席

在比赛中是队员、教练员、球童及球队相关人员进入的区域。

14. 正式比赛

正式比赛为七局,下列情况除外:

(1)主队(先守队)在第七局上半局结束,或在第七局下半局 3 人出局之前比赛时间结束时,其所得分数多于客队(先攻队)时,则不必完成第七局的比赛。

(2)若七局比赛结束时得分相等,则应延长比赛,直至某队在同等局数中得分多于对方,或主队(先守队)在 3 人出局之前,得分多于客队(先攻队)时。

(3)遇天黑、下雨、失火、球场混乱或其他意外情况,可能使观众或运动员遇到危险时,裁判员有权随时宣布比赛中止。若双方已赛完五局或五局以上整局,或主队(先守队)的得分超过客队五局或五局以上的得分时,或符合领先规则所得分数时,裁判员可宣布比赛结束,且为正式比赛。

(4)当五局或五局以上整局比赛结束时,或当主队(先守队)在第五局或五局以上 3 人出局之前得分与客队(先攻队)相等时,则为有效平局比赛。

(5)上述条款不适用于因运动员或观众的行为而可能被判弃权的情况。但若任何一队的成员或其观众对裁判员有肢体攻击行为时,裁判员可判该队弃权。

(6)当比赛成为非正式比赛或有效平局时,应重新开始比赛。重新比赛时,上场队员名单可以更换。

15. 比赛弃权

若有下列情况应判该队弃权,对方获胜:

(1)未能按时到场。

(2)球队虽按时到场,但拒绝按照主办单位规定的时间开始比赛。

(3)比赛开始后,一方拒绝继续比赛,除非裁判员宣布比赛中止或比赛结束。

(4)中止比赛后,当裁判员宣布继续比赛之后,若一方在 2min 内未能继续比赛时。

(5)当一方故意采用明显的延误或敷衍比赛策略时。

(6)经裁判员警告后,再次故意违反比赛规则。若投手反复违反投手规则,裁判员可以判罚投手在余下的比赛中不得再担任投手。

(7)将某队员或允许坐在球员席内的成员罚出场或罚离场,而在1min内拒不执行时。

(8)因队员被罚出场或罚离场,或其他原因,致使球队上场人数不足10人或者11人(使用额外的击球球员)或者12人(男女混合比赛中使用两名额外击球员)时。

(9)不合格队员再进场比赛,且投手已投出一个球时。

(10)被罚离场的队员、教练或领队再次回到比赛场地内。

16. 领先规则

(1)领先规则适用于所有正式比赛。当4局后领先20,5局后领先15时,即可结束比赛。

(2)除非主队(先守队)已经达到规定的领先分数,否则必须完成该局。即便客队(先攻队)已经达到规定的领先分数,主队(先守队)也必须完成下半局的比赛。在达到规定的领先分数之前,所有的攻守行为都必须完成。在下半局的比赛中超过规定领先分数之后的得分都不再被记录。若比赛因本垒打而结束,则该本垒打的所有得分都应被记录。

17. 获胜队

正式比赛中,得分较多的队为获胜队:

(1)在正式比赛中得分是赛完最后一局所得的总分。当主队(先守队)得分多于客队(先攻队)时,最后半局不必赛完,即可提前结束。

(2)正式比赛的平局,应是比赛结束时两队得分相同。

(3)一队弃权,判对方7∶0获胜。

第二节 投球规则

1. 准备投球

在开始投球之前,除非接手已经位于接手区准备接投手投球,否则不视为投手位于投手位置;必须双脚固定站立于地面上,并且一只脚或双脚踏触投手板,且正面面对击球员;需单手或双手持球置于体前并完全静止,在静止之前可以采用任何动作。该静止动作不得少于2s且不得大于10s。

2. 开始投球

投手在静止后做任何摆臂动作即视为投球开始。

3. 合法投球

(1)投手一旦做出投球动作必须立即向击球员投球,不得有任何其他动作。

(2)投手采用绕环式投球时,动作必须连贯。

(3)在投球过程中,投球的手臂如果向前摆动后有停顿或者先向前摆动,随即再向后摆动,则不能再采用绕环式投球。

(4)投手须采用下手投球方式,且当手臂第一次向前经过臀部后,投手必须向本垒方向投球。

(5)以下情况投手不得投球:投手将球置于体后,或者从胯下将球投出,或者将球从戴手套的手中投出。

(6)投手的支撑脚在投球出手前必须与投手板接触。可以向前、向后或者侧向采用跨步。如果跨步与投球同步则支撑脚在投手投球出手前亦应与投手板接触。

(7)投手投球出手速度应适度,球速是否适度由裁判员判定。

(8)投手投球出手后不得再继续做绕环动作。

(9)投球必须有明显的弧度,且高度不高于3.65m,不低于1.83m。

(10)投手接到回传球或裁判员宣布比赛开始后10s内必须将球投出。

4. 不合法投球

(1)投手在比赛暂停时投球。

(2)投出的球到达本垒板,或在本垒前落地,或被击出前,跑垒员离垒过早被宣判出局时。

(3)裁判员宣布界外球后,投手在跑垒员尚未返回原占垒位前投球时。

(4)在投手绕环或手臂后摆期间,球从投手手中滑落。

(5)队员、教练员或领队任意呐喊,或使用其他语言,或有任何明显的意图促使投手不合法投球时。

5. 试投

(1)每半局开始或更换投手时,投手可在1min内与接手或其他防守队员做不超过3次的试投。如因裁判员或者因换人、暂停、队员受伤等原因造成比赛延误则不受上述条款限制。

(2)试投期间比赛中止。

(3)投手在同一半局回到投手位置则无试投。

(4)以下情况没有投手返回投手位置的次数限制:投手依然保持在击球次序中;没有被裁判员宣判为不合法投手。

第三节 击球与跑垒规则

1. 好球

比赛中投手的合法投球落在本垒板或者好球带上,被判为"好球"。

2. 坏球

投手的投球没有落在本垒板或好球带上,击球员又未挥击,称为"坏球"。如果投手对某个击球员累计四个坏球,则判击球员安全上一垒。

3. 球

投手投出的球没有进入好球区,击球员没有挥击,以及不合法投球,裁判员皆判为"一球"。

4. 击

投手合法投出的球,击球员挥击不中或击成界外球或好球未击,裁判员皆判为"一击"。符合下列任一情况时视为"击":击球员挥击未中(不论投球是好球还是坏球);"好球"未击;击成界外球;挥击未中但球打到身体为"擦棒球"。

5. 击出的球

无论击球员有意或无意用棒击球或球击中棒,将球击成界内或界外均视为击出的球。

6. 界内球

比赛时击球员击出的球,如遇下列情况均为界内,双方可以继续进行攻守活动:
(1)球停在本垒至一垒或本垒至三垒之间界内地区,或在界内地区被触及。
(2)在界内地区反弹越过一、三垒垒包。
(3)球触及一、二、三垒垒包。
(4)腾空球先落在一、三垒垒包后的界内地区。
(5)腾空球从界内地区上空直接越过向场围网或击中网上标志杆。

球在边线上空,判定是否属界内球,应找触球者的手套在拨触球时球与垒线的垂直面为准,而不是根据触球者的站位来判定。

7. 界外球

比赛时击球员击出的球。如遇下列情况均为界外球:
(1)停在本垒至一垒或本垒至三垒间界外地区。
(2)球在界外地区反弹通过一、三垒垒包。
(3)腾空球先落在一、三垒垒包后界外地区。
(4)在界外地区触及裁判员、运动员或其他障碍物。击出界外球成死球局面,不能传杀和跑垒。但如两击后击出界外球时,击球员出局;在"比赛有效区"内被守场员接住,比赛继续进行,接杀有效。
(5)判别界内球和界外球的依据可用两句话:"内场看停点,外场看落点"。另外,场地上各线的宽度为 7.6cm,线的宽度包括在各区域的有效范围之内。

8. 半挥

击球员挥击投来的坏球时,半途收棒不打,称为"半挥"。司球裁判员根据击球员收棒前有无手腕的击球动作和收棒的先后,来判定击或不击球。

9. 连击

连击即"二次碰棒",是棒垒球运动裁判术语。击球员在界内地区不得用棒再次碰触击出的界内球,如违反则成死球局面,判击球员出局,垒上跑垒员不能进垒,击球员如站在击球区内二次碰棒,成死球局面,不判出局。

10. 不合法击球

(1)一脚或双脚踏出击球区。
(2)击球时脚触及本垒板。
(3)用不符合规则的球棒进入击球区击球。
(4)在击球区内有意妨碍接手传球。

11. 击出的球打到跑垒员

在比赛进行中,场上的进攻队员,被球员击出的界内球直接碰触身体时,判跑垒员出局;如击出的界内球穿过内野手(不包括投手)后随即碰触跑在该内野手后面的跑垒员,或者经内野手(包括投手)碰触并使球改变路线后碰触跑垒员时,不判跑垒员出局;如果跑垒员将内野手失接的球故意踢开,属于妨碍行为,应判跑垒出局。

12. 击球员出局

(1)二"击"后,击球员击球未中,而球触及击球员的身体任何部位时。
(2)击球员携带异型球棒、不合格球棒进入击球区或发现使用异型球棒、不合格球棒时,一般在比赛中常见的不合格球棒是棒球棒,尤其是棒球材质为木棒或竹棒,垒球现在也有木棒,主要还是看赛事方要求,不符合赛事方要求的都属于不合格球棒。
(3)第三"击"被接手接住时。
(4)击球员在二"击"后击出界外球。
(5)二"击"后击出擦棒球被接住时。

13. 内场高飞球

进攻队两人出局前,一、二垒或一、二、三垒全都有跑垒员时,击球员击出内场附近的界内高飞球(不包括平直球),内野手在正常情况下能够接住时,裁判员为了避免双杀局面,应立即宣布内场高飞球,击球员出局(不论守场员是否将球接住),比赛继续进行,与发生其他高飞球一样,跑垒员在守场员接触球后即可离开垒位。

14. 击球员的违规行为

(1)一脚或双脚完全踏出击球区域把球击中时。
(2)投手已经做好投球准备时,击球员由一侧击球员区进入另一侧击球员区时。
(3)踏出击球员区或以其他动作妨碍接手在本垒进行传杀时,但是如果跑垒员被杀出局时,不判击球员出局。

(4)使用或试图使用裁判员认为能够增加击球距离或使球造成不正常反应的变形球棒击球时。

15. 跑垒顺序

跑垒员跑垒时,必须按顺序触踏一、二、三及本垒,如有漏踏也必须按相反顺序进行补踏,前后跑垒员也必须按击球的顺序进行跑垒和得分,不得超越,不得为扰乱防守而倒跑垒,如击球员向本垒方向奔跑。

16. 离垒过早

跑垒员在击球员打到球之前离开垒位,则判出局,形成死球局面,该投球无效。

17. 跑垒员出局

(1)跑垒员为躲避防守队员的触杀而离开垒线0.91m跑道时,则判跑垒员出局。

(2)击球员击打到球之前,跑垒员已经离垒前进,则判跑垒员"离垒过早"出局。该次投球无效,形成死球局面。投手持球进入投手区时,跑垒员如果不是正在向下一个垒奔跑,则应立即踏在垒上。击球员打到球的时间与跑垒员脚离垒的时间,则是判处"离垒过早"的关键。

18. 跑垒员安全进垒

(1)四坏球安全进垒。当裁判员判定四个坏球(包括"不合法投球时"),击球员被安全送上一垒,为"四坏球"上垒,又称"保送"。由于投手累计投出四球使击球员安全进一垒,此时若一垒有人,则可被推进至二垒。

(2)野传球安全进垒。防守队员传杀击跑员或跑垒员,接球失误,球滚出野传球线或后挡网,进入比赛无效区;或在滚出之前触及障碍物时,判为死球,各垒跑垒员安全进两个垒。内野手第一传造成野传球时,应自投手投球时,被迫进一个垒。

19. 有关本垒规定

(1)返垒限制线:①返垒限制线设置在场地本、三垒之间,靠近本垒处4.5m;②当跑垒员触踏该返垒限制线后不得返回三垒,违者直接判出局,继续比赛;③若跑垒员未触踏返垒限制线,则可返回三垒;④一旦形成夹杀,跑垒员的进垒与返垒不受返垒限制线的限制。

(2)防守队任何情况下,在本垒都必须使用封杀行为。如跑垒员在未触踏返垒线情况下返回三垒而形成夹杀,则必须使用触杀行为。

(3)当本垒发生攻守行为时,防守队员触踏本垒板,进攻队员触踏好球板。

(4)当跑垒员在限制线内与未触踏本垒板的防守队员发生身体接触,无论防守队员是否持球,均视为阻挡。

(5)跑垒员故意冲撞触踏本垒板准备接球的防守队员,无论防守队员是否控制住该球,均判妨碍,形成死球,即跑垒员出局,其他跑垒员返回妨碍发生时所占的垒位。

(6)当本垒无攻守行为时,攻方跑垒员触踏本垒板及好球板均算有效得分。

第四节　防守规则

1. 传球

守场员用手或手臂把球送到既定目标的防守行为叫"传球"。

2. 接球

守场员用手套或手把球握住的防守行为。根据规则,明确禁止采用帽子、护具、口袋或运动服装的任何部分来接球,包括接击球员击出的界内球或同队队员的传球行为。同时,守场员亦被禁止故意抛出手套、帽子、护面、衣服等任何物品,用以阻挡或改变击出、传出球的行进路线。

3. 接杀

守场员使击球员出局技术之一。守场员将击出的球在落地前接住,称为"接杀"。判定击球员出局;当守场员刚接住球时,即与其他防守队员或与围墙冲撞跌倒,致使球落地,不算球被接住。守场员持球要有一定的时间以证明已完全控制了该球。若守场员在传球时将球失手落地,仍算接杀有效。

4. 触杀

守场员使跑垒员出局技术之一。守场员用持球的手或手套,触及没有踏垒的跑垒员或击跑员,称为"触杀",判跑垒员或击跑员出局。但在触及对方后,不是由于跑垒员有意冲撞守场员而发生接球不稳或将球掉落时,不算牢固持球,判触杀失败。

5. 假触杀

跑垒员被手中无球的防守队员阻挡进垒或返垒的行为。有假触杀时,无须跑垒员停顿或滑垒,只要减速即构成阻挡。

6. 合法触杀

防守队员或跑垒员牢固持球碰触没有踏在垒上的跑垒员为"合法触杀"。但在碰触对方后,发生持球不稳或掉落时(跑垒员有意碰撞防守队员或手套中的球除外),不视为牢固持球在手,触杀无效。

7. 封杀

封杀是守场员使击跑员出局技术之一。守场员对击跑员上一垒前进行传杀,或对由于击跑员上垒而被迫进垒,其他跑垒员上垒前进行传杀的防守行为,称为"封杀"。守场员只需持球触踏该垒,无须触跑垒员。封杀与触杀的区别,在比赛中跑垒员的进或退往往受其他进攻以外或客观条件制约,可以是被迫进垒或者自由进垒,因而防守也应采取相应措施。

8. 夹杀

守场员使跑垒员出局技术之一。跑垒员跑垒失误离开垒位，被两个垒之间的守场员追逐触杀出局，称为"夹杀"。

9. 双杀

防守队员在一次防守活动中连续使进攻方2名队员出局的防守行为称为"双杀"。如进攻队跑垒员在一垒，击球员击出一地滚球至游击手处，游击手接球后传给上二垒补位的二垒手，"封杀"一垒跑垒员出局；二垒手再传球给一垒手，"封杀"击跑员出局，从而形成"双杀"。

10. 三杀

防守队员在一次防守活动中连续使进攻方3名队员出局的防守行为称为"三杀"。例如无人出局一、二垒有跑垒员，击球员击出一平直球，游击手空中接杀击跑员后，迅速踏二垒，申诉提前离垒，使来不及退回二垒的二垒跑垒员出局，然后立即传给一垒上的一垒手，继续申诉来不及退回一垒的一垒跑垒员提前离垒出局，从而形成"三杀"。

11. 一次轮击

进攻队员从进入击球区到其被杀出局或成为击跑员的过程。

12. 野传球

垒球运动比赛术语，是指守场员传杀跑垒员失误，致使球出野传球线进入比赛无效区，称为"野传球"；野传球为死球局面，判击球员和跑垒员安全进一个垒。进垒的计算是从传球出手时跑垒员已在垒位算起。

13. 安全进垒

垒球运动比赛术语。击球员由于投手投出四坏球、投球中身、野传球，或守场员阻挡犯规而判跑垒员进至指定的垒位，称为"安全进垒"。击球员在未到达指定的垒位前没有被杀出局的危险。

14. 妨碍

进攻队员阻挠、妨碍或扰乱防守队员防守活动的违例行为。一经裁判员发现，即成死球局面，判该队员出局，其他跑垒员返回发生违例行为时所在的垒位。

15. 阻挡

防守队员或该队成员阻挡或阻碍击球员击球；防守队员阻挡跑垒员或击跑员的合法跑垒。

16. 不合法接球

击出、传出或投出的球被防守队员用脱离身体固定位置的帽子、护面、手套或球衣接住。

第八章 裁判员

第一节 裁判员权利和职责

一、权利与职责

裁判员代表竞赛联合会或竞赛主办单位主持某一场比赛,受权执行竞赛规则的所有条款。裁判员有权指令运动员、教练员、队长或领队采取或不采取某一行动,并执行有关规则及罚则。当发生规则中未说明的情况时,则由司球裁判员做出决定。

1. 司球裁判员职责

(1)决定场地是否适合进行比赛。
(2)站在本垒和接手侧后方。
(3)全面负责比赛的正常进行。
(4)宣判所有的球和击。
(5)在司垒裁判员的配合下,判定击出的球是界内球,还是界外球,是合法接球,还是不合法接球。比赛进行中,当司垒裁判员需要离开内场时,司球裁判员应承担该垒的职责。
(6)判定与判决:击球员是否为触击或击出的球,是否触及击球员的身体或衣服。
(7)当被要求协助时做出垒上的判决。
(8)决定某队比赛弃权。
(9)在一人执裁判时对比赛负全部责任。

2. 司垒裁判员职责

(1)司垒裁判员应按照裁判员手册的规定在场上站位。
(2)司垒裁判员应以各种方式协助司球裁判员执行比赛规则。

3. 一人制裁判员职责

由一人担任裁判员时,他负责全场比赛。裁判员判球时,应站在本垒及接手后面。当球被击出或有传杀时,应从本垒后移至内场最佳位置,以应对比赛的发展。

4. 更换裁判员

比赛过程中,除因伤、病不能继续执裁外,虽经比赛双方同意,但也不得更换裁判员。

二、裁判员通则

裁判员不能在比赛双方队伍中担任任何角色,如运动员、教练员、领队、官员、记录员或赞助者。

裁判员须熟知比赛日期、时间和地点,并应在赛前 20～30min 到场,在比赛结束后离场。

男女裁判员都必须穿:①浅蓝色长袖或短袖 T 恤;②深蓝色袜;③深蓝色长裤;④深蓝色帽子,帽子前面应有白色 WBSC 字母;⑤深蓝色球袋(仅限司球裁判员);⑥深蓝色夹克或毛衣;⑦黑色的鞋子和皮带;⑧浅蓝色 T 恤内穿白色 T 恤。

裁判员不得佩戴暴露在外,且会引起危险的首饰,医学识别标志的腕带或项链除外。

裁判员应向双方队长、教练员和记录员做自我介绍。

裁判员应检查场地和设备,并向双方队长和教练员说明该场地特定规则。

在比赛结束前,每个裁判员都有权处理,在比赛进行中和暂停时间内所发生的任何犯规行为。

裁判员不得超越规则所规定的各自职权范围,也无权改变另一裁判员的判决。

裁判员在任何时候都可以向其他裁判员征询意见,但最终的判决须由当值裁判员自己作出。

为了区分各自职责,司球裁判员负责判球和击,司垒裁判员负责垒上的判决。

司球裁判员和司垒裁判员对下列攻守行为都有权做出决定:

①判"离垒过早"的跑垒员"出局";②宣布"暂停";③判罚违反规则的队员、教练员或领队"出场"或"离场";④宣布"不合法投球";⑤宣布"内场腾空球"。

判断及宣判内场腾空球。当击出明显的内场腾空球时,裁判员应本着保护跑垒员的原则,立即宣布"内场腾空球,如是界内,再判击球员出局"。除申诉外,裁判员不必等待,只需根据规则即可判击球员或跑垒员出局。

除申诉外,裁判员不能宣判漏踏垒、腾空球、离垒过早、击球次序错误、不合法替补、不合法再进场、替换暂替队员或暂退队员未通知裁判员、越过一垒后试图进二垒、互换垒位等队员出局。

裁判员处罚违反规则的球队时,不能使之有利。

裁判员没有按以上规定执行时,不能构成抗议的理由,因为这些是对裁判员工作权限的规定。

第二节　术语与手势

比赛开始或继续比赛:裁判员宣布"PLAY BALL",以手势指示投手投球,见图 8-1。

判击:裁判应举右臂过肩,小臂与大臂成 90°,并以清晰、果断的声音宣判"STRIKE",见图 8-2。

图 8-1 比赛开始或比赛继续

图 8-2 判击

判球:无须手势,只需宣判"BALL"。
复报球、击数时,先报球数,后报击数。左手表示坏球数,右手表示击球数,见图 8-3。
界外球:裁判员宣判"FOUL BALL",并将双臂举过头顶,见图 8-4。

图 8-3 复报球、击数

图 8-4 界外球

界内球:裁判员应单臂指向场地中心,并反复收放小臂,见图 8-5。
出局:裁判员宣判击球员或跑垒员"OUT"时,右手握拳上举过肩,见图 8-6。

图 8-5 界内球

图 8-6 出局

安全：裁判员宣判跑垒员"SAFE"时两臂侧平举，掌心朝下，见图 8-7。

暂停：裁判员宣判"TIME"，同时双臂举过头顶，其他裁判员也同时做出同样的手势，见图 8-8。

图 8-7 安全

图 8-8 暂停

延迟死球：裁判员左臂侧平举，左手向内握拳，见图 8-9。

一弹球：裁判员双臂侧平举，掌心向下，见图 8-10。

图 8-9　延迟死球（注：图为右手错误示范）　　　　图 8-10　一弹球

安全上二垒：裁判员右臂上举过头顶，同时伸出两指代表安全进垒数，见图 8-11。
本垒打：裁判员右手握拳，右臂上举过头顶并做顺时针画圈动作，见图 8-12。

图 8-11　安全上二垒　　　　图 8-12　本垒打

内场腾空球：裁判员右臂举过头顶，并宣布"INFIELD FLY"，若是界内球，则再宣布"THE BATTER IS OUT"，见图 8-13。

暂停投球：裁判员单臂前伸，掌心向投手。若裁判员作出手势而投手继续投球时，则宣布"NO PITCH"，见图 8-14。

图 8-13　内场腾空球　　　　　图 8-14　暂停投球

第九章 记录员

第一节 记录员职责与记录符号

一、记录员职责

(1) 根据规则记录每一场比赛。
(2) 唯一的责权就是记录所有的得分与判决。
(3) 判断击球员是因安打还是失误而上垒。
(4) 记录员不得记载与正式比赛规则或裁判员的判决有抵触的记录。

二、记录符号

在填写记录表时会多次运用到阿拉伯数字,它们主要用于表示防守队员的场上位置(1-投手;2-接手;3-一垒手;4-二垒手;5-三垒手;6-游击手;7-左外野手;8-中外野手;9-右外场)。除防守队员的位置用数字表示外,数字1~9也用来记录击球员的棒次及轮击中的进攻行为。对于指定击球员(DH)、替补击球员(PH)和替补跑垒员(PR)等都用特殊符号表示(表9-1)。

表 9-1 记录符号及指代含义

记录符号	含义	记录符号	含义
十	一垒安打(One Base Hit-Single)	e	接球失误造成多进垒(Extra Base Catching Error)
丰	二垒安打(Two Base Hit-Double)	eT	传球失误造成多进垒(Extra Base Throwing Error)
丯	三垒安打(Three Base Hit-Triple)	GDP	地滚球造成双杀(Grounded into Double Play)
HR	本垒打(Four Base Hit-Home Run)	OB,ob	阻挡(Obstruction)
SH	牺牲打(Sacrifice Hit)	INT	妨碍(Interference)

续表 9-1

记录符号	含义	记录符号	含义
SF	牺牲高飞球(Sacrifice Fly)	OBR	根据规则自动出局(Out by Rule)
FSF	外牺牲高飞球(Foul Sacrifice Fly)	ABR	根据规则自动进垒(Advance by Rule)
K	投杀(Strikeout)	Fch	守场员的选杀(Fielder's Choice)
BB	四坏球上垒(Base on Balls)	O	因守场员不传杀击球员而使其进垒-守场员的选杀(Occupied Ball-Fielder's Choice)
IBB	故意四坏球上垒(Intentional Base on Balls)	T	因守场员传球而进垒-守场员的选杀(Advance on Throw-Fielder's Choice)
BK, bk	投手犯规(Balk)	O/	因守场员不理会、不传杀而使跑垒员进垒-守场员的选杀(Advance on Indifference or Fielder's Choice-Occupied Ball)
HP	投球中身(Hit by Pitch)	IF	内场高飞球(Infield Fly)
PB, pb	接手漏接(Passed Ball)	LT	击球顺序错误(Lost Turn)
WP, wp	暴投(Wild Pitch)	A	申述出局(Appeal Play)
F	高飞球(Fly)	DH	指定击球员(Designated Hitter)
FF	界外高飞球(Foul Fly)	PH	替补击球员(Pinch Hitter)
L	平直球(Line Drive)	PR	替补跑垒员(Pinch Runner)
FL	界外平直球(Foul Line Drive)	R	右投(Right Hand Pitcher)
E	接球失误(Catching Error)	L	左投(Left Hand Pitcher)
ET	传球失误(Throwing Error)	S	左/右手击球员(Switch Hand Hitter)
EF	接高飞球失误(Fly Error)	—	—

第二节　记录表

　　记录表共有 2 页,除每页抬头不同外,其余内容均一样。第 1 页表格记录比赛的所有内容,并列有记录每局得分的表格。首页记录表供记录客队(即先攻队)使用,记录表第 2 页的抬头内容不同于首页。首页表格左侧部分的内容和第 2 页相同。表格中央部分则需要根据主办者的规定以缩写符号记录比赛局面,缩写符号参见一览表。表格中还留有注释处,用于记录比赛中断时的场上局面、队伍提出或将要提出抗议的原因以及对于较难理解局面的解释。

一、记录表首页抬头内容

记录表首页抬头内容见表9-1。

表9-1 比赛基本信息

Tournament：			Date：		Day：
City：		Field：	Start：	End：	Time：
Umpires：					
Scorekeepers：			T.C：		

Tournament：	比赛名称。
Date：	比赛日期（日/月/年）。
Day：	连续第几个比赛日（此数字应逐日增加）。
City：	比赛举办城市。
Field：	比赛场地名称。
Start：	比赛开始时间。
End：	比赛结束时间。
Time：	整个比赛时间减去因故延误的时间，其原因应记录在表格第2页的注释处。例如：一场比赛于16:00开始，19:00结束，比赛过程中因队员受伤暂停20min，表格中此项内容应填写18:40，而不是19:00，并在注释处写明原因。
Umpires：	裁判员的姓名和国籍，记录顺序为司球、一垒、二垒、三垒、左边线和右边线裁判。
Scorekeepers：	记录员姓名和国籍。
T.C.：	技术委员姓名和国籍。

主客队比分信息见表9-2。

表9-2 主客队比分信息

TEAMS	1	2	3	4	5	6	7	8	9	10	11	12	13	14	15	Res.

Teams：	首格中记录首先进攻的客队名称，下格记录主队名称。
1,2,3,4等：	记录每局两队的得分。如未得分，则在表中记录"0"（不可记成"—"或空格）。如比分领先队在比赛结束局的下半局无须进攻，则在表中记录"X"（不可记成"R"或空格）。
Res.：	记录最终比赛成绩。

二、记录表第 2 页抬头内容

记录表第 2 页比赛基本信息见表 9-3。

表 9-3　记录表第 2 页比赛基本信息

Tournament：		Day：		Attendances：					Notes：	
City：		Date：								
Visitor：										
Home Team：										

Tournament：　　比赛名称。

Day：　　　　　　连续第几个比赛日（此数字应逐日增加）。

City：　　　　　　比赛举办城市。

Date：　　　　　 比赛日期（日/月/年）。

Visitor：　　　　 客队名称。

Home Team：　　主队名称。

Attendances：　　观众总人数。

Notes：　　　　　备注处，记录除规则判罚尺度及其他无关信息外的该场比赛中任何特别需要解释、容易使阅表者疑惑的情况。如：FF8 不常发生，但一旦比赛中出现此局面，记录员应在注释处做解释。比赛因故中断，也应记录并写明原因。如页面不够，可附页。

三、上场队员名单（击球顺序）

上场队员信息登记表见表 9-4。

表 9-4　上场队员信息

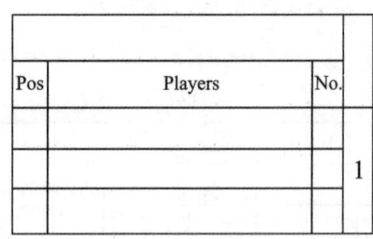

Pos：　　　　队员防守位置，以数字 1~10 表示。指定击球员以 EP 表示，替补击球员以 P 表示，替补跑垒员以 PR 表示。

Players：　　以大写字母注明队员姓名全称，第 1 行填写先发队员，后 2 行填写替补上场队员名单。如 1 个位置上场队员多于 3 人，则记录在第 10 棒下面的表格里，并在队员名单旁注明棒次。

No.：　　　　运动员服装号码。

记录表中打印出来的数字表示上场队员的击球次序,如果使用指定击球员,则应将其列入上场队员名单。

四、记录表中央部分内容

比赛攻守记录见图 9-1。

空白[2]处填写该局中哪一个位置上的防守队员被替换,被替换的次数用指数表示,如 6^2,表示游击位置上的防守队员被第 2 次替换。如果该局中多个防守队员被替换,则每个表示数字之间需用"/"相隔,如图 9-1 所示。

采用逆时针方式记录,表格右下方记录击跑员上一垒的局面,右上方的表格记录上二垒的局面,依次类推。如果击跑员或跑垒员被杀出局,则其出局前的局面都应记录下来。跑垒员每进一个垒,应用斜线将代表那个垒位的开放正方形的一部分封住。将表格中间的正方形涂成实心表示该分为投手的责任失分,如图 9-2 所示。

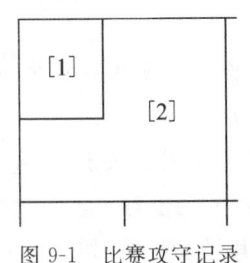

图 9-1　比赛攻守记录　　图 9-2　比赛局面记录

[1]. 填写局数　　[2]. 填写更换防守队员

一局结束后,在记录最后一个击球员的表格下用斜线表示该局结束,在该格右方的下一格用作记录下一局第一个击球员的进攻行为,如图 9-3 所示。

如果在一局中 9 名队员都上场击球,表格已不够用,那么用上述右列表格继续记录,填写同样的局数并用箭头表示,如图 9-4 所示。

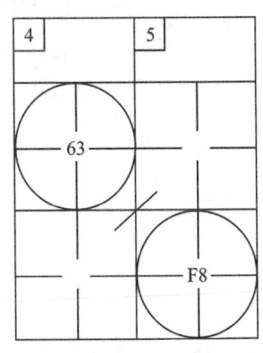

图 9-3　进攻信息记录(1)　　图9-4　进攻信息记录(2)

在第一局的表格中左边一列为缩写字母记录符号,在其右列填写第一局的数据,第一局以后各局的表格中,每局均有 2 列表格,左边一列填写该局的数据,右边一列填写累计数据,即前 2 格的数字之和,如图 9-5 所示。

AB： 自由击球数[此数字非上场击球数(轮击数)]。
R： 得分。
ER： 责任失分数。
H： 安打数。
A： 助杀次数。
E： 失误次数。
LOB： 残垒数。

AB	6	4	10
R	—	1	1
ER	—	—	—
H	1	1	2
A	2	1	3
E	—	1	1
LOB	3	—	3

图 9-5　球队比赛表现信息

五、防守记录内容

PO： 每名防守队员的接杀数,填在其姓名左面的相应表格里。
A： 助杀数。
E： 失误数(一般性失误和进垒失误之和)。
DP： 参与双杀和三杀的次数。
IP： 上场局数。如果一名防守队员被替换下场或更换位置,那么他的上场局数将根据击球员的出局人数而确定,0.1 局表示 1 人出局,0.2 局表示 2 人出局,3 人出局为 1 局。关于投手的记录内容,如果他自一开始就上场击球,应在击球次序列表中他的姓名旁标出其投手身份,如图 9-6 所示。

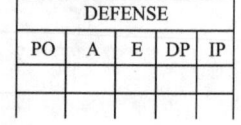

图 9-6　防守信息记录(1)

注意:在一场比赛中,如果一名队员改打了几个防守位置,那么在其每个防守位置相应的表格中必须分别记录下上场局数、接杀、助杀、失误、双杀、三杀次数;在投手防守统计表下方,填写所有投手专项统计数据总和。在填写防守总局数时,注意填写的是队伍防守总局数,而不是单个队员防守局数的总和。

防守队双杀、三杀次数填写在双杀(Double Plays)表格里,如图 9-7。

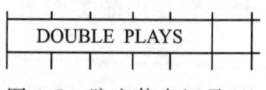

图 9-7　防守信息记录(2)

六、进攻记录内容

PA： 轮击次数(图 9-8)。
AB： 自由击球数。
R： 得分数。
H： 安打数(此数字为所有安打的总数,不仅仅是一垒安打数)。
2B： 二垒打数。
3B： 三垒打数。
HR： 本垒打数。
GDP： 击出地滚球造成双杀数。

SH： 牺牲打或牺牲触击数。
SF： 牺牲高飞球数。
BB： 四坏球数上垒数(含故意四坏球上垒数)。
IBB： 故意四坏球上垒数。
HP： 投球中身数。
IO： 受妨碍上一垒数。
K： 被投杀次数。
RBI： 得分打数。

OFFENSE

PA	AB	R	H	2B	3B	HR	GDP	SH	SF	BB	IBB	HP	IO	SB	CS	K	RBI

图 9-8　进攻信息记录(3)

注意：上述各项数据分别记录在与队员姓名同一行的相应表格里。另外应特别注意的是，当一名队员打了 2 个防守位置后，又被换下场，那么新上场队员的打击数据应记录在其姓名一行(第三行)相应的表格里。

比赛如果出现胜利得分打(Game Winning Run Batted In, GWRBI)，应在表格里填写击球员的姓名和击出胜利得分打的局数。如果比赛未出现获胜打点，则表中填写 No(无)，如图 9-9 所示。

GWRBI:

图 9-9　进攻信息记录(4)

七、投手投球记录内容

在"位置"(Pos)一列中填写 R(右投)，L(左投)，S(左右投)。

根据上场先后，以大写字母填写投手姓名全称。

在"背号"一列表格中填写投手的服装号码。

在"WO/LO/SA"一栏中填写该投手是 winning(胜利投手)，losing(失败投手)或是 save(助胜投手)是 starting 先发投手，relief(后援投手)或是 finishing(终局投手)。

在"PITCHERS"(投手)一栏中有 6 行空格，需分别按顺序填写先发投手和其后上场投手的姓名。

在投手投球统计数据最下方空格内需要填写数据总和，如全场比赛只有一名投手，也需要填写此栏，如图 9-10 所示。

PITCHERS	WO/LO/SA

图 9-10　使用指定击球员时记录

投手投球信息如图 9-11 所示。

BF	AB	R	ER	H	2B	3B	HR	SH	SF	BB	IBB	HP	IO	K	WP	BK

图 9-11　投手投球信息记录

BF： 轮击次数。
AB： 自由击球数。
R： 失分数。
ER： 责任失分数。
H： 被击出安打数。注：此数字为被击出所有安打的总数，不仅仅是被击出一垒安打数。
2B： 被击出二垒打数。
3B： 被击出三垒打数。
HR： 被击出本垒打数。
SH： 被击出牺牲打数。
SF： 被击出牺牲高飞球数。
BB： 投出四坏球数（含故意投出四坏球数）。
IBB： 故意投出四坏球数。
K： 投杀数。
WP： 暴投数。
BK： 投球犯规数。

八、接手记录内容

接手表格需按照上场顺序以大写字母填写先发接手及替换接手的姓名全称，如图9-12所示。

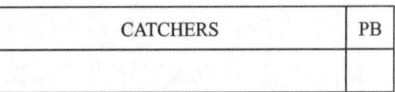

图9-12 接手信息记录

注意：各项数据应分别记录在与接手姓名同一行的相应表格里；在接手统计数据最下方空格内需要填写数据总和，如全场比赛只有一名接手，也需要填写此栏。

CATCHERS：接手。
PB： 接手漏接数。

九、记录表页面不够用

如果出现记录攻守行为的表格（记录表中央部分）不够用的情况，采用以下办法：
（1）启用一张新的记录表（首页和/或第二页），折叠后只露出中央部分以供使用。
（2）将记录表的抬头填好，不致造成表格的混淆。
（3）将前一页填满的记录表中7项累计数据（AB、R、ER、H、A、E、LOB）写在新表格的左侧，以便继续进行累计。
（4）将折边的新记录表与前页记录表接上，即可继续对比赛局面进行记录。其他诸如进攻、防守、投接手的数据统计可继续在前页记录表上填写。

第三节　更换队员

比赛中有两种更换队员的方式，一种是内部交换场上防守位置，另一种是替换上场的击球员。

一、内部交换场上防守位置

颞部交换只是简单的防守队员位置交换，没有任何队员被换下场。当队员场上防守位置改变时，其姓名可以用…″…（重复标点）表示，但其服装号码必须重复填写。图 9-13 为 Jordan、Street 的游击、二垒防守位置互换的记录方法。

PANTHERS			
Pos	PLAYERS	N°	
6	Jordan Anthony	27	1
4'	… " …	27	
4	Street Joseph	35	2
6'	… " …	35	

图 9-13　交换场上位置信息记录（内部）

当防守队员交换场上位置时，需要在进攻队记录表中下一个击球队员进攻记录的表格上画一条横线，表示在那一刻防守位置上的队员有变化。此外，还需在该列表格最上方的局数表格里以指数的方式填写新的场上防守位置（如：4 号位第一次换人，写作 4^1，第二次换人，写作 4^2，第三次写作 4^3，依次类推）。如上表，自记录下更换位置后，涉及这 2 名防守队员的防守行为记录不能用 4 和 6 表示，而要用 6^1 和 4^1 表示，如图 9-14 所示。

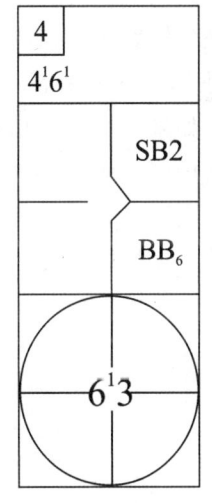

图 9-14　交换场上位置信息记录（内外）

注意：场上位置的变动并不是击球次序的改动，故进攻记录应始终在同一行表格中进行，不做任何改变。

二、击球员的改变

当一名击球员替换另一名击球员上场击球时，他的名字应写在被替换下场球员的名下，并划一条垂直竖线，表示自那一局起新上场一名球员。此外，在对方球队的记录表中，应在局数的表格里标注出防守队员的更换（参照防守队员更换的记录方法），如图 9-15 所示。

PANTHERS			
Pos	PLAYERS	N°	
6	Jordan Anthony	27	1
4^1	----- " -----	27	
4	Street Joseph	35	2
6^1	Richie John	2	

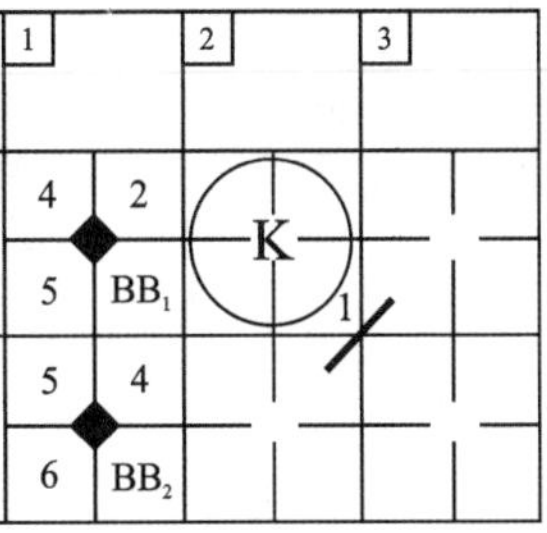

图 9-15　击球员更换信息记录（1）

在图 9-15 中，一条粗重的垂直竖线表示自第三局开始，Richie John 替换 Street Joseph 击球，同时在对方球队的记录表格里，一条粗重横线划在相应位置，表示自那一刻起，Jordan Anthony 改打二垒位置，Richie John 上场打游击位置。

注意：Jordan Anthony 只是更换了防守位置，故不能在表格中画垂直竖线。如新上场的球员没有参加防守，只是替换了其他球员进行击球，那么他的身份只是 PH（替补击球员），如果他只是替换了其他击球上垒的球员，那么他的身份只是 PR（替补跑垒员）。在 Pos（位置）列表中只能填写 PH 和 PR。

在对方球队的记录表格局数一栏中，填写 4^1 和 6^1 表示在该局中防守位置的变更（图 9-16）。在上面的例子中，新上场球员的防守位置也有改变（不是他所替换的球员的防守位置），这就又涉及原来打这一位置的球员也会改变其防守位置。如果此情况出现，以上 2 种记录方法都会用到。

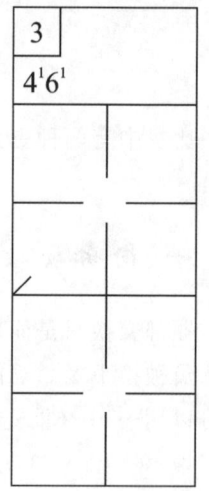

图 9-16　击球员更换信息记录（2）

如果一名球员在更换了防守位置后，又被换回到原来的防守位置，那么他的防守位号将恢复到其第一次在该位置上用的号码。例如：在本节内容第一个表中，Jordan Anthony 改打二垒位置后又回到游击位置，那么他的防守位号是 6，而不是 6^2。

如果在同一个击球次序上有 3 名以上击球员击球或其他原因致使表格不够用，可以写在击球次序表第 9 棒队员名字下方的空格内，且注明该球员的棒次，如图 9-17 所示。

3^3	Trump John			32	7

图 9-17　击球员更换信息记录（3）

主要参考文献

蔡宇泽翔,2021.视频反馈技术在动作技能学习中的应用研究[D].南昌:南昌大学.
陈奚芳,2018.中学慢投垒球教学内容体系构建的探索与研究[D].苏州:苏州大学.
陈小龙,2020.体育院校慢投垒球实践性教学体系构建研究[J].吉林体育学院学报,36(4):85-89.
杜云龙,赵卓然,2013.慢投垒球运动锻炼价值分析[J].吉林省教育学院学报,29(12):124-125.
冯景梅,邹保禄,2002.棒、垒球运动探源及其发展[J].河北体育学院学报,16(2):29-30.
顾凡强,2017.浅析棒球礼仪[J].文体用品与科技(2):8-9.
李朝彬,2016.我国高校垒球运动现状调查与发展策略研究[D].广州:广州体育学院.
李骥,2019.慢投垒球在体育院校开展的现状调查分析[J].体育风尚(12):264.
梁洪,2013.我国慢投垒球运动现状调查与分析[J].广州体育学院学报,33(1):72-74.
潘菁,2020.软式棒垒球运动对高中生身心健康的影响[D].南京:南京体育学院.
潘绍伟,于可红,2015.学校体育学[M].3版.北京:高等教育出版社.
王桂兰,石杰,2011.普通高校慢投垒球发展研究[J].体育文化导刊(5):84-86.
王静,2022.翻转课堂教学模式对高校慢投垒球普修课学生学习效果的影响[D].长春:吉林体育学院.
王骏,张天峰,郭雪奇,2012.慢投垒球教程[M].上海:东华大学出版社.
严丽,1998.浅谈慢投垒球[J].天津体育学院学报,13(3):44+112.
于汇莉,2015.中国垒球运动发展现状研究[J].四川体育科学,34(6):80-84.
朱佳炎,2017.软式棒垒球训练对中学生身心素质的影响研究[D].苏州:苏州大学.